中國家族信託的產品創新與投資管理

王玉國／著

財經錢線

摘　要

　　信託在財富管理和傳承中的獨特優勢已經得到國際普遍認可。中國經濟持續高速增長和社會財富不斷累積，創富一代企業家將迎來接班的高峰期，財富傳承市場需求開始旺盛。目前許多信託公司已將家族信託作為戰略轉型和創新發展的重要方向之一，但現有投融資服務為主要特點的業務模式與家族信託業務並不匹配，亟須重新梳理和構建新的業務營運架構。

　　首先本書在系統梳理生命週期理論、現代投資組合理論、謹慎投資人規則等理論和文獻基礎上，重點就中國家族信託市場的發展特徵進行分析，結合行業內調研，梳理了信託公司家族信託業務模式和重點公司的業務實踐情況。然後，本書重點圍繞家族信託運作中的產品設計、投資管理框架、資產配置三個關鍵要點展開論述。在家族信託產品設計中，重點介紹了家族信託客戶識別和盡職調查的特殊性要求，以及股權、不動產等非現金特殊資產轉移交付問題。在家族信託的謹慎投資管理規範中，提出從投資目標和原則、信託投資策略、資產配置策略、投資運作與風險管理規則等四方面來搭建基本框架。在家族信託的資產配置中，從宏觀配置和微觀配置兩個層面展開分析。在宏觀配置層面，梳理了大類資產配置理論脈絡，重點結合風險平價策略的方法，對其在家族信託資產配置中的應用進行了分析；在微觀配置層面，強調信託公司應該揚長避短，對自己比較熟悉的非標債權融資業務領域自主投資，但針對股票、債券等標準化產品、藝術品、貴金屬、商品等其他另類投資領域，則需要借助外部專業投資管理人的力量，通過 FOF（Fund of Fund，基金中的基金，以下簡稱 FOF）、

MOM（Manager of Managers，管理人的管理人基金模式，也稱為精選多元管理，以下簡稱 MOM）等創新模式展開投資管理運作。

　　本書主要特色和創新點有：一是較系統論述了家族信託業務在信託財產複雜性、信託目的複合性、管理事務綜合性等方面的特殊性要求；二是重點分析了家族信託客戶盡職調查的特殊性，並提出了家族產品設計中不動產、股權等非現金性資產類型的交付思路；三是提出了家族信託投資管理的基本框架；四是針對家族信託的資產配置和投資管理，本書嘗試從宏觀配置、微觀配置兩個層面，分別基於大類資產配置理論、FOF 和 MOM 等管理模式進行了分析。

關鍵詞：家族信託，產品設計，資產配置，投資管理

Abstract

The unique advantages of trust system in wealth management and inheritance have been universally recognized. With the continuous rapid growth of China's economy and the accumulation of social wealth, and the peak of the succession of entrepreneurs and the demand for the inheritance of wealth has begun to flourish. At present many trust companies consider family trust as one of the important direction for strategic transformation and innovation, but the existing financing services model is not match with the family trust business, needs to renew and construct the new business structure.

This study combs life cycle theory, modern portfolio theory, the prudent investor rule based on the theory and literature, and analyzes the development characteristics of the family trust market in China, combining with industry research, and sorting out the business practices of the trust company's family trust business. Then the paper focuses on three key points in family trust operation, such as product design, investment management and asset allocation. In the topic of product design, the paper introduces the special requirements of family trust customer identification and due diligence, and transfer and delivery of non-cash special assets such as equity, real estate. In the topic of investment management, the paper provides the rules of trust cautious investment framework, which includes investment objectives and principles, trust investment strategy, asset allocation strategy, investment operations and risk management rules, etc. In the topic of asset allocation, the paper analyzes from the macro configuration and micro configuration. At the macro configuration level, this paper sorts out the theory of asset allocation theory, and focuses on the method of risk evaluation strategy, and analyzes its application in family trust asset allocation. Configuration in the microscopic levels, emphasizing the trust companies should foster strengths and circumvent weaknesses, to be familiar with the non-standard creditor's rights financing business domain independent investment, but in view of the standardized products such as stocks, bonds, art, precious metals, commodities and other alternative investments, the trustee need to use the power of the external professional investment managers, through FOF and MOM innovation model.

The main features and innovative pointsinclude as follows: Firstly, it systematically discusses the special requirements of family trust business in t complex purpose of trust, property and assets management. Secondly, it introduces the special requirements of family trust customer due diligence, and transfer and delivery of non-cash special assets such as equity, real estate. Thirdly, provides the rules of trust cautious investment framework. Fourthly, it discusses asset allocation in family trust from macro and micro aspects, respectively based on the categories of asset allocation theory, FOF and MOM management mode are analyzed.

Keywords: Family Trust, Product Desigh, Asset Allocation, Investent Management

目　錄

1　緒論 / 1

   1.1　研究背景和研究意義 / 1

      1.1.1　研究背景 / 1

      1.1.2　研究意義 / 3

   1.2　研究內容、研究方法及技術路線 / 5

      1.2.1　研究內容 / 5

      1.2.2　研究方法 / 6

      1.2.3　技術路線 / 6

   1.3　主要創新點 / 9

2　文獻綜述和相關理論進展 / 10

   2.1　家族信託相關研究及進展 / 10

      2.1.1　家族信託投資規則演進 / 11

      2.1.2　國內家族信託研究進展 / 14

   2.2　家庭金融理論及研究進展 / 15

2.2.1　生命週期假說的提出 / 15

　　　2.2.2　投資組合理論與家庭資產管理 / 16

　　　2.2.3　家庭金融研究脈絡梳理 / 19

　2.3　私人財富管理研究進展 / 21

　　　2.3.1　國外研究和實踐 / 22

　　　2.3.2　國內研究和實踐 / 22

　2.4　文獻綜述評析 / 23

3　家族信託的概念、結構和特徵 / 25

　3.1　家族信託的溯源和定義 / 25

　　　3.1.1　家族信託的溯源 / 25

　　　3.1.2　家族信託的定義 / 27

　3.2　家族信託的結構和分類 / 28

　　　3.2.1　家族信託的結構 / 28

　　　3.2.2　家族信託的分類 / 32

　3.3　家族信託的特徵和比較 / 35

　　　3.3.1　家族信託的特徵 / 35

　　　3.3.2　家族信託的比較 / 38

4　中國家族信託市場發展特徵分析 / 42

　4.1　信託功能演進與家族信託需求的崛起 / 42

　　　4.1.1　信託功能演進及中國發展階段判斷 / 42

　　　4.1.2　高淨值人群財富管理需求特徵 / 45

　4.2　中國資產管理機構的產品與投資配置特徵分析 / 49

　　　4.2.1　資產管理機構的類型豐富 / 49

4.2.2　資產管理市場的規模擴張 / 49

　　　4.2.3　資產管理業務和產品繁多 / 50

　　　4.2.4　資產管理產品配置差異性 / 52

　4.3　目前中國家族信託業務發展和競爭 / 53

　　　4.3.1　家族信託市場發展概況 / 53

　　　4.3.2　家族信託市場競爭分析 / 55

5　信託公司家族信託業務模式及實踐 / 57

　5.1　信託公司主導模式及實踐 / 57

　　　5.1.1　基本特徵 / 57

　　　5.1.2　實踐案例 / 58

　5.2　信託公司合作模式及實踐 / 64

　　　5.2.1　基本特徵 / 64

　　　5.2.2　實踐案例 / 66

　5.3　信託公司家族信託展業特徵和面臨的挑戰 / 71

　　　5.3.1　展業特徵 / 71

　　　5.3.2　面臨的挑戰 / 72

6　家族信託產品設計及特殊財產交付創新 / 76

　6.1　家族信託的客戶識別與盡職調查 / 76

　　　6.1.1　客戶身分識別和盡職調查內涵 / 76

　　　6.1.2　家族信託客戶盡職調查的特殊性 / 77

　　　6.1.3　家族信託客戶盡職調查的重點 / 79

　6.2　股權類信託財產交付和產品設計創新 / 81

　　　6.2.1　家族股權信託化管理的重要意義 / 81

6.2.2 不同類型股權交付的信託產品設計 / 82

6.3 不動產信託財產交付和產品設計創新 / 85

6.3.1 不動產作為信託財產交付的特殊性 / 85

6.3.2 不動產財產交付的信託產品設計 / 86

7 家族信託產品的投資管理框架構建 / 87

7.1 家族信託投資目標和原則 / 87

7.1.1 投資目標 / 87

7.1.2 投資原則 / 88

7.2 家族信託投資策略體系框架 / 90

7.2.1 確定整體投資策略 / 90

7.2.2 完善投資政策體系 / 91

7.2.3 確定產品投資範圍 / 93

7.3 家族信託產品資產配置策略 / 94

7.3.1 宏觀配置 / 94

7.3.2 微觀配置 / 96

7.3.3 資產配置再平衡 / 97

7.4 家族信託投資運作和風險管理 / 98

7.4.1 投資運作流程 / 98

7.4.2 產品風險管理 / 99

7.5 家族信託中特殊財產的投資管理 / 101

7.5.1 股權信託財產管理 / 101

7.5.2 不動產財產的管理 / 103

8 基於大類資產的家族信託宏觀資產配置 / 105

8.1 大類資產配置理論回顧 / 105

8.1.1 基於量化策略的大類資產配置 / 105
8.1.2 基於經濟週期的大類資產配置 / 107

8.2 風險平價策略在家族信託資產配置中運用 / 108

8.2.1 風險平價策略概述 / 108
8.2.2 風險平價策略的模型 / 113
8.2.3 風險平價策略在家族信託資產配置中的應用 / 116

8.3 大類資產配置進一步探索視角 / 120

9 基於 FOF、MOM 模式的家族信託微觀資產配置 / 121

9.1 現有基金評級體系分析 / 121

9.1.1 現有評級機構 / 121
9.1.2 現有評級方式 / 122
9.1.3 存在的缺陷 / 124

9.2 搭建基金評價體系 / 125

9.2.1 基金業績評價 / 127
9.2.2 基金公司評價 / 130
9.2.3 綜合評級 / 131

9.3 FOF 組合動態管理和風險控制 / 132

9.3.1 組合動態管理 / 132
9.3.2 組合風險管理 / 132

9.4 MOM 模式在家族信託微觀配置中運用 / 133

9.4.1 MOM 模式的基本特點 / 133
9.4.2 MOM 模式的運作框架 / 134

10　結論和不足之處 / 136

　　10.1　結論 / 136

　　10.2　不足之處 / 138

參考文獻 / 140

致謝 / 149

1 緒論

1.1 研究背景和意義

1.1.1 研究背景

改革開放以來，中國經濟持續 40 年多的快速發展，國民財富大大增加。在經濟快速發展過程中崛起了數以百萬計的高淨值人群，帶動了資產管理市場的蓬勃興起。根據興業銀行與 BCG 發布的報告，伴隨中國居民財富的累積，一般個人可投資資產總額不斷增加，2015 年為 44 萬億元，預計 2020 年達 88 萬億元。在中國經濟增速放緩，進入新常態發展週期後，預計未來私人財富累積增速有所放緩，但仍有望保持較快的增速，預計到 2020 年底高淨值家庭的數量將自 2015 年的 207 萬戶增長到 388 萬戶，保持年均 13% 的增速[①]。面對經濟增速放緩、財富累積速度放緩、主要金融市場波動加劇，高淨值家庭越來越依賴通過專業資產管理機構進行財產管理，而且財富增值和保護問題開始受到關注，家族財富管理和傳承需求日益旺盛。財富傳承已經成為高淨值客戶較為關注的領域之一。約有 21% 的客戶已經在進行財產傳承安排。同時，作為創富一代的企業家正在逐漸老

---

① 興業銀行，BCG. 中國私人銀行 2016：逆勢增長全球配置 [R/OL]. http://www.bcg.com.

去，企業經營和家族財富面臨的產業接班與財富傳承問題日益受到關注。

信託制度在財富管理和傳承中的獨特優勢在國際範圍內得到了廣泛的驗證。所謂家族信託（family trust），也稱家庭信託，是一種為了某個或部分家族成員利益設立的生前或者遺囑信託。在美國、歐洲等國家和地區，人們通過利用家族信託工具，來對家族財富進行長期規劃和風險隔離。中國已經有多家族企業的實際控制人，為了實現家族股權的平穩轉移和有效管理，引入信託機制安排，以避免經營風險波及家庭、子女。此外，家族信託在防止子女過度消費和婚姻接替等問題方面也有長足運用①。隨著中國信託法律制度的逐漸完善，越來越多的高淨值家庭借助外部專業機構進行財產管理，尤其隨著財富保護和傳承需求的興起，家族信託業務有望迎來「爆發式增長的臨界點」②。

面對巨大的潛在財富管理市場，越來越多的信託公司開始佈局家族信託業務，將其作為未來戰略轉型和持續發展的重要方向之一。與此同時，目前商業銀行的私人銀行部門、保險公司、部分第三方理財機構、律師事務所也都積極參與，依託各自的專業優勢、資源稟賦，在家族信託領域進行了較多的探索實踐。信託公司作為專門從事營業信託經營業務的非銀行金融機構，在家族信託業務中的優勢並不明顯。目前已有20餘家信託公司宣稱開展了相關業務，但僅有平安信託、外貿信託、北京信託、建信信託、中信信託、上海信託等少數公司累積了一定規模，取得實質進展。2014年4月，原中國銀監會（現中國銀保監會）下發了《關於信託公司風險監管的指導意見》（99號文），明確信託公司「受人之托，代人理財」的功能定位，要求信託公司規範現有業務模式，探索轉型發展方向，其中明確將家族財富管理作為業務轉型的六個方向之一。因此，無論是家族信託潛在市場需求的興起還是信託行業監管政策引導，都促使信託公司圍繞家族信託業務，探索轉型，迴歸信託財富管理的本源。

家族信託是一項系統工程，信託公司對於家族信託業務研究、專業團

---

① 中國銀行法學研究會信託法專業委員會員通訊（第二期），2014-12-20。
② 王玉國. 新經濟與信託業轉型 新常態下的轉型方向及建議 [J]. 當代金融家，2016（1）：76-78。

隊、管理運作能力等方面都亟須提高。目前，信託公司主要以項目融資類信託業務為主導，業務源起於資金需求方，以企業客戶為主，主要風險是信用風險和市場風險，風險控制手段以抵質押、擔保等方式為主；而家族信託業務以個人客戶為中心，需要從客戶需求出發來進行產品設計，涉及的資產和財富類型十分豐富，且規模較大，信託存續管理的期限普遍較長，其中涉及的財產移轉、管理、分割、處分等法律關係十分複雜，受託人在其中承擔的責任和事務相對複雜，不僅需要相應的主動管理能力、綜合化的資產配置能力來支撐，而且還需要財務、法律、稅務等方面的綜合性、專業顧問服務能力支撐。此外，家族信託業務風險不同於傳統融資類信託業務的信用風險，而更多側重投資管理中的市場風險和操作風險。同時，信託公司海外資產管理經驗欠缺，還不具備真正開展跨境和全球化資產管理的能力，也很難滿足家族信託客戶海外投資、境外資產管理和傳承安排等特別需求[①]。即使目前在家族信託業務取得突破的信託公司，也主要集中於單一資金型信託管理業務或者更多依靠合作銀行。

1.1.2 研究意義

首先，當前社會財富傳承和管理需求日益旺盛，信託作為國際上廣為運用的成熟財富傳承和管理制度，在中國移植和改進以後，其功能優勢在社會實踐中逐步受到重視。特別是隨著創富一代的漸漸老去，通過對信託在家族財富傳承和管理中具體運用的研究，力圖探討和尋找解決中國富裕階層的財富傳承之路，對於維護經濟社會穩定、避免國民財富在傳承中的損失和外流都有著極為重要的意義。

其次，從一個完整的業務流程看，家族信託業務至少涵蓋信託財產的交付、信託財產管理、信託利益分配等核心環節。基於中國信託公司營業信託的稟賦和定位，境內家族信託服務內容定位於同時提供信託事務管理和信託財產投資管理兩個方面，明顯區別於境外信託公司只負責信託事務法律架構搭建，而將信託財產的資產管理事務委託第三方管理的做法。雖

---

① 邱峰. 財富傳承工具之抉擇——家族信託模式探析 [J]. 新金融, 2014 (12)：34-38.

然家族信託業務在美國、歐洲等國家和地區市場已經發展得較為成熟，但由於這類業務高度私密，公開渠道很難獲得有深度的研究資料。中國信託市場起步較晚，信託文化和理念還在普及過程中，家族信託這一領域的探索剛剛起步，信託公司從 2013 年才真正開始將家族信託作為一種重要業務方向。因此，本書也希望能夠為信託公司及其他開展家族信託業務的機構提供財產投資管理運作的框架借鑑，通過搭建科學合理的產品體系、投資政策、業務流程、風險管理等，培育和提高家族信託業務運作中的核心資產管理能力。

再次，現代信託功能的不斷拓展與信託工具運用的創新都深刻地影響著受託人的制度設計。就受託人角度而言，信託制度設計通過對特定財產的所有權與利益的分離，發揮受託人的專業管理能力和特殊的載體身分，進而實現與委託人原始資產的隔離，達到信託委託人多樣化、靈活的財產安排目的。但是，受託人在由消極主體身分向積極管理者轉變過程中，對信託財產的投資權限不斷擴展：一方面受託人投資權限擴展，增大了信託財產的運作空間，有利於實現財產的保值增值，提高信託的效率；另一方面受託人也可能在投資管理信託財產過程中，出現違反信託目的、侵害受益人利益等行為，這一問題在信託商業化、金融化轉型後變得更加突出。因此，規範受託人行為就成了推動現代信託法制完善的主要驅動因素之一。根據信託財產管理運作的實際需要，對受託人的主動投資權限進行了適應性放鬆。同時，為防範受託人不當投資行為給信託財產帶來的風險，也加大了對信託投資行為的法律規制。如美國的謹慎投資義務制度的立法過程經歷了從移植英國較為保守的「法定名錄」標準規則，到「謹慎人」規則，再到「謹慎投資人規則」的演進過程[1]，依託現代投資組合理論的指引，對受託人的投資行為提供明確的示範和指引，從而有力保障信託制度的有效運作。與英美法系國家將謹慎投資的標準具體化的趨勢相比，大陸法系國家受託人謹慎義務的規定較為原則。中國作為較晚引進信託制度安排的國家，現有法律法規中比較缺乏對信託財產從事投資面的約束性標

---

[1] 張敏. 論信託受託人的謹慎投資義務 [D]. 上海：上海交通大學，2008.

準和規則。因此，本書希望通過對謹慎投資人規則的借鑑，梳理未來信託公司家族信託業務的投資運作體系，並為中國推動營業信託機構的謹慎投資管理規範提供參考。

最後，資產配資管理是現代金融學和投資學的重要研究範疇，資產配置的重要性已經得到研究和實踐的驗證。本書將重點對家族信託業務中的投資管理和資產配置問題進行研究，以期能夠將投資管理相關理論、方法和工具引入到特定業務領域中，拓展現代投資管理理論運用空間。

1.2 研究內容、研究方法及技術路線

1.2.1 研究內容

本書擬在系統梳理生命週期理論、現代投資組合理論、謹慎投資人規則等基礎理論和文獻基礎上，試圖構建信託公司在家族信託業務中進行產品設計和投資管理的基本規則，並面對客戶多種類型委託資產，以及基於特定信託目的構建大類資產配置和投資管理的運作框架。

通過系統研究，本書擬重點解決以下幾個關鍵問題。

一是探討家族信託產品設計和資產投資管理的可能適用的理論和方法。

二是借鑑生命週期理論、現代投資組合理論以及謹慎投資人規則等，探討信託公司作為受託人，在家族信託資產管理中的謹慎投資管理框架。

三是深入分析中國家族信託、資產管理市場發展階段，通過調研信託業內在家族信託業務實踐中較為領先機構的產品和投資管理經驗，梳理形成信託公司家族信託產品設計和投資管理的整體框架設計。

四是重點對家族信託的資產配置問題，結合大類資產配置理論、FOF、MOM等新型投資管理方法，從宏觀配置、微觀配置兩個層面進行實證運用考察。

1.2.2 研究方法

研究方法包括以下三種。

第一種是規範和實證相結合。通過規範方法梳理現代資產投資管理的理論脈絡，結合家族信託這一特定領域，用實證方法研究探討與傳統理論、模型假設間存在的差異，並從規範角度為發展和完善理論框架展開分析。

第二種是比較研究。通過文獻的研究分析，瞭解本書研究內容的國內外研究現狀，特別是在投資管理的受託責任管理方面，通過借鑑英美等國家相關法律、監管規範和經驗做法，以期在比較中找到解決問題的思路方法。

第三種是調查和案例研究。通過和已經開展家族信託實踐的銀行、信託同業進行調研，梳理總結其家族信託相關業務中的投資管理運作經驗和做法，為完善相關管理運作提供借鑑。

1.2.3 技術路線

本書研究技術路線和邏輯框架如圖 1-1 所示。

首先，在對家族信託及相關投資管理問題研究、生命週期理論、現代投資組合理論、謹慎受託人規則等理論和實踐經驗進行文獻綜述基礎上，重點就中國家族信託市場的發展特徵、資產管理行業發展特徵等進行分析，結合行業內調研，梳理了信託公司家族信託業務模式和重點公司的業務實踐做法；其次，分別圍繞客戶識別與盡職調查、信託財產交付等產品設計重點分析了家族信託產品的設計問題；再次，本書結合謹慎受託人規則等法律和理論框架，嘗試提出信託公司家族信託謹慎投資管理框架，從投資目標和原則、整體投資策略體系、資產配置策略、投資運作和風險管理等不同維度進行分析；最後，專門針對家族信託的資產配置管理問題，分別從宏觀配置和微觀配置兩個層面展開分析論述。

本書主要結構和篇章佈局如下。

第一章：緒論。重點介紹本書的研究背景、意義，研究內容和技術路

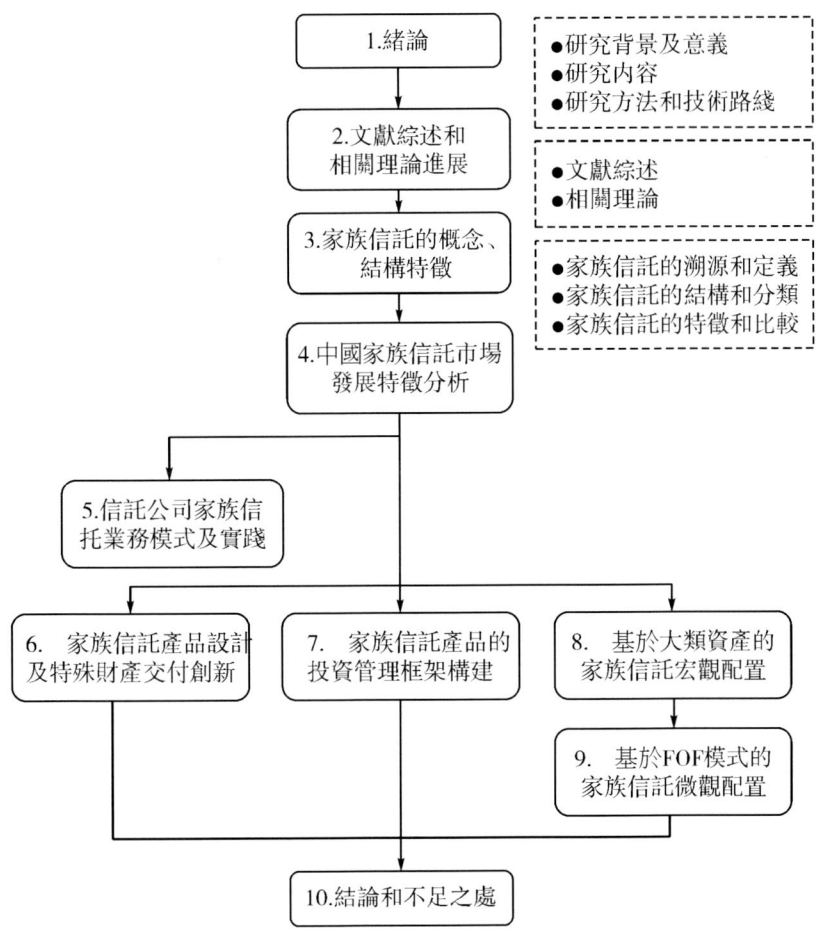

圖 1-1 研究的技術路線和邏輯框架

線，以及主要創新點等。

第二章：文獻綜述和相關理論進展。重點針對家族信託投資規則、生命週期假說和家庭金融理論、私人財富管理國內外研究進展等進行了文獻綜述和評析。

第三章：家族信託的概念、結構和特徵。重點從家族信託的溯源、定義、結構、分類、特徵，與其他財富管理工具的比較等維度進行分析，系統論述了家族信託業務與其他信託業務的區別。

第四章：中國家族信託市場發展特徵分析。通過對信託功能的歷史演

進回顧、日本信託業的歷史脈絡梳理和相關指標對比，分析中國家族信託市場所處發展階段，並從家族信託市場的需求特徵、資管機構和產品供給特徵、家族信託市場發展概況等角度進行了分析。

第五章：信託公司家族信託業務模式及實踐。梳理了信託公司目前開展家族信託的兩種基本模式，並結合對一些重點機構業務調研，對當前的家族信託業務實踐情況進行了介紹。

第六章：家族信託產品設計和特殊財產交付創新。家族信託是以客戶為中心的信託業務。本書從客戶識別、盡職調查等開始「瞭解你的客戶」，進行需求分析，梳理了家族信託產品盡職調查的特殊性和重點，然後針對股權、不動產兩類非現金類特殊資產的產品交付設計進行了論述。

第七章：家族信託產品的投資管理框架構建。借鑑謹慎投資人規則和美國信託資產管理監管標準基礎上，提出從投資目標和原則、信託投資策略、資產配置策略、投資運作與風險管理規則等四方面來搭建信託謹慎投資管理的基本框架，並且針對以股權、不動產特殊資產類型的投資管理進行了論述。

第八章：基於大類資產配置的家族信託宏觀配置。該章和第九章均為家族信託資產配置問題的分析論述，按照資產配置的不同層面分為宏觀、微觀配置，本章簡要回顧大類資產配置理論脈絡，重點結合風險平價策略的方法，對其在家族信託大類資產配置中應用的可行性、方法思路進行了實證性分析。

第九章：基於 FOF、MOM 模式下的家族信託微觀配置。信託公司在微觀配置層面應該揚長避短，對自己比較熟悉非標債權融資業務領域自主投資，但針對股票、債券等標準化產品、藝術品、貴金屬、商品等其他另類投資領域，則要借助外部專業投資管理人的力量，通過 FOF、MOM 等創新模式展開投資管理運作。本章重點就如何搭建基金評價體系、進行基金組合的動態管理和風險控制等進行了論述。

第十章：結論和不足之處。重點提出了本書研究形成的主要結論，存在的不足以及未來進一步研究方向建議。

1.3　主要創新點

家族信託中的投資管理問題較為複雜,既涉及生命週期理論、投資組合管理、大類資產配置等金融學理論,也涉及現代金融理論與法律理論的融合發展,以法律、規則等形式確立下來成為信託業務的執業參考。本書主要特色和創新點有:

一是較系統論述了家族信託業務與目前信託公司開展的以投融資服務為核心的金融信託業務的差異,在信託財產複雜性、信託目的複合性、管理事務綜合性等方面對受託人提出了更高要求。

二是重點分析了家族信託客戶盡職調查的特殊性,提出家族信託客戶盡職調查要加強對擬信託財產的核實確認、委託人設立信託目的的合法性、以及家族信託擬設定的受益人範圍等特殊要點深入核查,並提出了家族產品設計中不動產、股權等非現金性資產類型的交付思路。

三是結合現代投資組合理論以及「謹慎投資人規則」,本書提出從投資目標和原則、信託投資策略、資產配置策略、投資運作與風險管理規則等方面搭建家族信託謹慎投資管理的基本框架。

四是針對家族信託的資產配置和投資管理,本書嘗試從宏觀配置、微觀配置兩個層面,分別基於大類資產配置理論、FOF 和 MOM 等管理模式進行了分析。

2　文獻綜述和相關理論進展

從現代金融理論研究和國內外金融機構的實踐看，家族信託服務往往作為私人銀行或財富管理服務的重要內容，許多名稱提法和內涵具有較大的重合性。因此，本書重點對國內外家族信託、家庭金融、財富管理等研究進行了分析整理。

2.1　家族信託相關研究及進展

家族信託源自中世紀的英國，與其特定的土地封建制度密切相關。最初產生的原因有：一是免除一些封建義務（如長子繼承制），保障其他子女的生活；二是規避稅收，通過信託安排，委託人在身故後依然能夠確保財產按照其意願進行合理處分；三是照料家人，通過信託收益的靈活性、長期化安排，實現對家族中老弱病殘人群的長期照料、保障生活的需要。進入現代社會以後，隨著家庭財產類型更加豐富，財產安排法律也更加多樣化，家族信託原先的照料家人、規避封建義務和稅收制度等傳統功能逐漸失去了原有的地位①。近代美國等新興資本主義國家的快速崛起，信託制度的商業化、金融化運用越發普及，信託對於家族財富的管理功能與財

---

① 於霄. 家族信託的法律困境與發展 [J]. 南京大學法律評論，2014（1）：201-210.

富傳承功能日益受到重視，運用更加普遍。

2.1.1 家族信託投資規則演進

國外對於家族信託問題的研究主要從法律和家族企業傳承的視角展開。法律視角上多圍繞與家族財富傳承、管理相關的信託判例進行研究分析，許多司法判例推動了現代信託法律制度的成熟完善。其中關於信託投資管理問題研究，最主要的成果體現在 20 世紀 60~80 年代的美國，在現代投資組合理論（modern portfolio theory）的影響下，受託人的投資規則經歷了由「謹慎人」規則向「謹慎投資人」規則的演進。在「謹慎投資人」規則下，受託人基於謹慎責任的原則下，可以針對不同信託的情形，在信託收益目標及受益人風險容忍相匹配的範圍內，進行其投資活動。

1. 信託投資的法定清單規則

法定清單規則（legal list）源起於英國，最早可追溯到 18 世紀 20 年代衡平法院制定的「法院清單」（court list）。在法院名錄規則下，受託人除非得到委託人、遺囑人或受益人的明確授權，否則只能投資於法院確定的投資範圍；在此範圍以外的投資即使出於受託人的善意且安全，受託人也不能對此種投資所導致的損失免責。這種安排導致受託人的投資範圍十分狹窄，基本局限於政府債券。直到 19 世紀中葉以後，英國通過一系列制定法對法院名錄進行整合，適當拓寬了受託人的可投資範圍，形成了法定清單。1925 年頒布的《受託人法》將之前不同法案下確立的投資項目進行整合合併，統一規定了受託人所能投資的標的類型和範圍。1961 年英國制定《受託人投資法》，對前述《受託人法》進行了修正，制定了更加詳細和複雜的法定清單，同時按照投資風險的程度，明確將受託人投資運用信託財產可以涉足的領域分為較窄範圍的投資（narrower-range investment）和較寬範圍的投資（wider-range investment）兩類。在較窄範圍的投資中又進一步按照是否聽取專家意見分為無須專家諮詢意見的投資和需專家諮詢意見的投資。受託人需要採取「均分原則」，將信託資金分為相等兩部分，分別投資於較窄和較寬投資範圍領域。這些限制性條件安排使得受託人投資活動較為僵化、執行成本較高。

2. 信託投資的謹慎人規則

美國早期沿用英國信託制度和判例，對受託人的投資範圍也加以限制。直到 1830 年通過判例才對「法定清單」規則進行了突破，提出應當允許受託人選擇任何謹慎的投資，形成了「謹慎人規則」（prudent man rule）的雛形，即在投資前受託人應當「觀察謹慎的、聰明的人事如何管理他們自己的事務的」，避免投機行為。在符合該標準情況下，受託人可以對委託人的損失免責。1933 年美國銀行家協會發布一份《信託機構原則聲明》，指出受託人的投資職責是照護並管理信託財產，而不是在保護信託財產安全和進行投機間走極端。信託機構在投資時應運用其擁有或可合理獲得的全部謹慎技能[1]。1942 年該協會發布另一份文件《模範謹慎人投資法規》，重新確定「謹慎人規則」。隨後 1959 年的《信託法重述（二）》中對這一規則進行了詳細闡述，明確受託人在管理信託的過程中應當像普通謹慎人處理自己的財產一樣履行注意和技能，當受託人自稱擁有超過普通謹慎人的更高技能時，有義務履行其更高的技能[2]。此後，這一規則幾乎被美國所有州所採用，全面取代了「法定清單」規則。

3. 謹慎投資人規則

「謹慎人標準」取代「法定清單」後，受託人有了更廣泛的投資種類的選擇，運作靈活性得到了很大提高，但是隨著實踐發展，逐步也暴露出其存在的一些缺陷和問題，限制和阻礙受託人進行有效信託財產管理與投資的選擇：一是「謹慎人標準」側重於對投資組合中的每項投資的收益和損失來單獨評判受託人是否謹慎，而忽視對投資組合進行整體評價，由此也導致受託人被迫將規避風險作為首要選擇，只能採取偏向保守的投資策略。二是「謹慎人標準」側重於保存信託財產本金的名義價值，忽略了通貨膨脹的威脅，而並非真正防止實際購買力的損失。三是「謹慎人標準」禁止受託人將信託投資事務進行對外委託，但在投資技術和品種日益複雜

---

[1] Nelson J A. The prudent person rule: a shield for the professional trustee, Baylor law review, 1993 (45): 433-440.

[2] 王濤. 論慈善組織高管的謹慎義務 [J]. 北京航空航天大學學報（社會科學版），2017 (3): 58-65.

化、專業化的趨勢背景下，受託人不可能對任何投資領域都熟悉，並能勝任投資事務，尋求外部專業機構和專業人士支持，進行投資事務的委託不可避免。四是「謹慎人標準」不鼓勵創新，禁止受託人購買保證金證券、用於轉售的地產，不允許做出風險投資承諾，且對投資貴金屬、收藏品、高折價債券、期權、期貨合約、回購協議、第二順序抵押財產等品種的安全性表示疑慮①，這些都在一定程度上限制了信託投資運作的空間，與金融創新和市場環境相脫節。

在現代投資組合理論的影響下，美國法律研究會1992年公布《信託法重述（三）》，將「謹慎人規則」變更為「謹慎投資人規則」（prudent inverstor rule）。從立法進展看，1994年，統一州法委員會批准了《統一謹慎投資人法》（The uniform prudent investor act 1994，UPIA）。2005年通過的《統一信託法（草案）》，將《統一謹慎投資人法》有關謹慎投資等內容納入其中，進一步擴大了這一新規則在美國的適用範圍。2000年，英國以新的《受託人法》取代了1961年的《受託人投資法》，吸收借鑑了美國信託法中的謹慎投資人規則精神，摒棄了原有限制投資範圍的種類和比例的做法，徹底終止了法定清單規則，受託人也逐步獲得更加廣泛的投資權利。

謹慎投資人規則認為一個謹慎的投資人應全面考慮投資所面臨的潛在風險，包括系統風險和具體風險，通過風險細分來平衡風險與收益的關係。受託人需要根據委託人的風險承受能力、信託目的、投資領域以及受益人條件等因素綜合考慮，制定和調整以整體組合及多元化投資為核心的投資策略。「謹慎投資人」的理論內涵就是馬科維茨等提出的現代投資組合理論，強調通過分散投資來減少和迴避市場不確定性所帶來的非系統性風險，從而在降低整體風險水準的同時，為委託人帶來更好的投資回報。

信託在家族企業傳承中的運用研究成果眾多，如休斯（2013）系統總結了其過去三十多年致力於幫助家族企業解決問題的實踐，強調人力、智力資本對於家族財富的成功保有更為關鍵。威利斯（2013）以家族企業繼

---

① 鐘向春. 中國營業信託受託人謹慎義務研究［M］. 北京：中國政法大學出版社，2015.

承人的身分，介紹了巨額財富可能將人們帶入空虛、墮落等陷阱，需要通過心靈的成長，承擔起責任才能駛過財富的陰暗地帶，等等。

2.1.2　國內家族信託研究進展

國內關於家族信託的研究起步較晚。曾輝（2008）介紹了家庭信託基金的個性化和保密性、複雜性、可取代遺囑等特點，受到富人的青睞。汪其昌（2011）提出私人銀行業務部幫助家族企業老板設立家族信託不失為一種為高端客戶提供高附加值的可供選擇的主要業務內容。趙亞奎（2011）指出中國傳統財富傳承表現出「重親情、輕制度」的特徵，隨著代際的推移，親情逐漸消散，使得缺乏制度約束的財富傳承更多地表現為財富隨著時間而「耗散」。王小剛（2012）結合自己親自參與的財富管理和離岸信託業務實踐，指出國內高淨值人士已經逐步實現全球資產配置，越來越多的客戶開始接觸和瞭解家族信託。部分海外上市企業的主要股東已經使用離岸信託工具，進行了財富傳承安排。

潘衛東（2013）強調信託公司要利用財產轉移功能拓寬業務空間，開展財富規劃和財富傳承業務，同時對接海外信託法律關係架構，為客戶提供全面的家族信託服務。袁吉偉（2013）基於生命週期理論，分析了信託、遺囑、保險等不同工具在財富傳承中的作用和信託的優勢。蔡汝溶（2014）、邱峰（2014）以及北京信託課題組對信託公司開展家族信託的模式、面臨的障礙等進行了分析論述。張傳良（2014）則通過對客戶的調研分析了中國家族信託的需求分析與市場定位。於霄（2014）、陳勝（2014）則從法律視角論述了家族信託的法律優勢，以及在中國當前法規環境下面臨與其他法規的銜接、信託財產登記、稅收等問題。韓良（2015）從家族財富管理和傳承中面臨的婚姻變動風險、「先刑後民」的訴訟風險、公司財產與業務的混同風險、財富傳承中的稅務風險入手，對開展家族信託進行了系統論述。張傳良等（2015）、劉澄等（2015）分別對財產保護類家族信託、財產傳承類家族信託模式及其產品設計進行了探討。建信信託（2015）發布家族信託白皮書，重點對中國家族信託的市場、發展現狀、法律問題、案例等進行了梳理。

2.2　家庭金融理論及研究進展

家庭金融是指家庭運用金融工具達到其目標的活動①，主要從家庭資產和負債兩個角度來對比進行考察。

2.2.1　生命週期假說的提出

20世紀50年代，莫迪利安尼和布倫貝格、安東等提出了生命週期假說（life cycle hypothesis，LCH），認為居民家庭作為理性人，從消費者行為理論出發，假定消費者是理性的，能以合理的方式安排收入，進行消費、儲蓄；其次消費者在生命期間的收入與消費相等，實現效用最大化的目標。家庭的消費函數為：

$$C = a \cdot WR + c \cdot YL \qquad (2-1)$$

式中，C為消費支出，WR為財產收入，YL為勞動收入，a為財產收入的邊際消費傾向，c為勞動收入的邊際消費傾向。

生命週期假說根據人在不同生命階段家庭的收入和消費特徵不同，大致劃分為三個時期。其中在年輕時期，家庭當期收入低，絕大部分收入都用於消費，但由於預期未來收入會有增長，因此往往會通過借貸來購置房產，進行提前消費或滿足大額支出的需要，總體表現為消費支出大於收入；在中年階段後，家庭收入會增加，消費在收入中所占的比例會降低，部分結餘用於償還年輕時期的負債，還要將部分收入儲蓄起來準備養老，總體表現是收入大於消費支出；到老年時期後，也就是退休以後，家庭收入下降，養老等消費性支出增加，表現為家庭收入小於消費支出，中年階段的儲蓄累積成為彌補資金缺口的重要來源。如圖2-1所示。生命週期假

---

① 陳瑩，武志偉，顧鵬．家庭生命週期與背景風險對家庭資產配置的影響［J］．吉林大學社會科學學報，2014（5）：73-80．

說將家庭的消費與收入、儲蓄等財產聯繫起來，消費取決於家庭所處的生命週期階段，也說明了長期消費函數的穩定性及短期中消費波動的原因。該理論與凱恩斯的消費函數理論主要區別在於，前者強調當前消費支出與家庭一生全部預期收入間的相互聯繫，後者則強調當前消費支出與當前收入的相互聯繫。

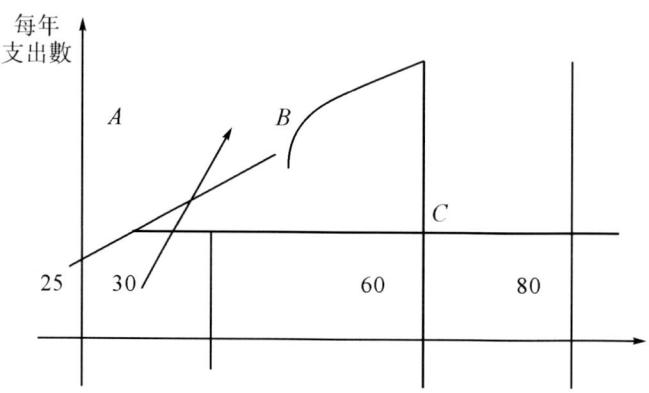

圖2-1　生命週期假說示意

從生命週期假說的宏觀視角看，隨著人口結構的變化，如果處於年輕階段和老年階段的人口占比增加時，則整個社會的消費占比就會提高，儲蓄累積則相對較為緩慢；而如果處於中年階段的人口比重增大，則社會消費傾向會降低，儲蓄累積相對較快。而儲蓄是轉化為投資、進行資產管理的必要基礎，這一點對於解釋和判斷各國資產管理市場發展以及家族信託業務的發展階段等都有重要意義。

2.2.2　投資組合理論與家庭資產管理

從家庭資產角度展開的家庭金融研究從資產定價開始的。馬科維茨（1952）、托賓（1958）、夏普（1964）、薩繆爾森（1969）以及默頓（1971）等提出的理論為資產選擇的研究奠定了基礎。經過近60年的發展，現代投資組合理論（Modern Portfolio Theory，MPT）的理論與應用研究取得了相當豐富的成果。羅斯（1976）在資本資產定價模型（Capital Asset Pricing Mode，CAPM）的基礎上發展出套利定價模型（Arbitrage

Pricing Theory，APT），旨在運用多個因素來解釋風險資產收益。

1. 現代投資組合理論

馬科維茨投資組合理論的前提假設是：投資者希望財富越多越好；投資的收益率符合正態分佈；投資風險用收益率的方差或標準差表示；影響投資決策的主要因素為資產的期望收益率和標準差或方差；投資者追求效用最大化，即同等風險水準下，選擇收益率較高的證券；或者同等收益率水準下，選擇風險較低的證券。通過將資產看成一個整體，對證券的期望值、方差、協方差進行計算，來對投資組合的風險和收益進行評估，提出了「有效邊界」的概念。以給定收益率水準下風險最小化的投資組合為例，模型表示為

$$\min_{w} \sigma^2 = \sum_{i=1}^{n}\sum_{j=1}^{n} w_i w_j \sigma_{ij} \qquad (2-2)$$

$$s.\ t.\ \sum_{i=1}^{n} w_i E(r_i) = E(r) \qquad (2-3)$$

$$\sum_{i=1}^{n} w_i = 1 \qquad (2-4)$$

式中，$E(r_i)$ 是第 i 項資產的預期收益率。

投資者的效用函數與有效組合邊界的切點就形成最優投資組合。由於馬科維茨的投資組合模型假設要求十分苛刻，真實世界中的模型要考慮的因素更多，也更加複雜。但是，根據該理論，投資者可將所持的資產組合視為一個整體，將風險分解為系統性風險以及非系統性風險兩部分。投資者可以通過持有多種類型的證券達到分散非系統風險的目的，降低整體組合的風險，但是非系統性風險無法通過投資組合來分散。

2. 資本資產定價理論

1963 年夏普以馬科維茨的投資組合理論為基礎，提出了資本資產定價模型（CAPM）。該模型進一步增加了假設條件：投資者能夠在無風險折現率 r_f 的水準下自由借貸且不受限制；投資者對證券收益率的概率分佈預期一致，市場有效邊界唯一；投資期限相同；所有證券投資可以無限制細分；證券買賣沒有稅負及交易成本；所有投資者可以及時免費獲得充分的市場信息；市場不存在通貨膨脹，折現率保持不變；不同投資者的預期收

益率、標準差和證券之間的協方差預期值相同。

單個股票或者股票組合的預期回報率（expected return）的公式如下：

$$\bar{r}_a = r_f + \beta_a \cdot (\bar{r}_m - \bar{r}_f) \qquad (2\text{-}5)$$

式中，r_f為無風險回報率（risk free rate）；

βa為證券的 Beta 系數；

$\bar{r}_m$為市場期望回報率（expected market return）；

$(\bar{r}_m - \bar{r}_f)$為股票市場溢價（equity market premium）。

3. 套利定價理論

1976年，美國學者斯蒂芬·羅斯提出了套利定價理論模型（APT）。該定價模型認為證券收益率與一組因子線性相關，這組因子代表證券收益率的一些基本因素。與資本資產定價模型一樣，套利定價理論依然假設市場是完全有效的，投資者風險厭惡並且希望效用最大化，但取消了單一投資期、稅收成本、自由借貸等限制，模型更貼近現實市場。

線性多因素模型的一般表達為

$$r_i = a_i + \sum_{j=1}^{k} b_{ij} F_j + \varepsilon_i, \ i = 1, 2, \cdots, N \qquad (2\text{-}6)$$

$$\text{或} \quad r = \alpha + B \cdot F + \varepsilon \qquad (2\text{-}7)$$

式中：

$r = (r_1, \cdots, r_N)^T$為 N 種資產收益率組成的列向量；

$F = (F_1, \cdots, F_K)^T$為 K 種因素組成的列向量；

$a = (a_1, \cdots, a_N)^T$為常數組成列向量；

$B = (b_{ij})_{N \times K}$為因素 j 對風險資產收益率的影響程度，稱為靈敏度（sensitivity）/因素負荷（factor loading），組成靈敏度矩陣；

$\varepsilon = (\varepsilon_1, \cdots, \varepsilon_N)^T$為隨機誤差列組成的列向量。

並要求：

$E(\varepsilon_i) = 0, \ 1 \leq i \leq N$。

4. 期權定價理論

期權定價模型（Oftion Pricing Model，簡稱 OPM）由布萊克與斯科爾斯在20世紀70年代提出。模型表明，期權合約期限、股票現價、無風險

資產的利率水準以及交割價格等都會影響期權價格。根據布萊克和斯科爾斯提出 Black – Scholes（B-S）期權定價公式，它假設資產價格在各節點上是一個給定概率下的連續隨機過程，並通過隨機積分推導出該公式。模型有六個基本假設：投資者可以無風險利率無限量地借貸資金；股票連續交易，可以任意細分，不支付股利；股票價格服從「隨機遊走」特徵；所有的無風險套利機會都會消失；不存在交易成本和稅收；歐式期權。

在上述假設下，經過推導並利用歐式期權平價公式可以得到歐式看漲期權和看跌期權的定價公式如下：

$$C(S,T) = SN(d_1) - Xe^{-rT}N(d_2) \tag{2-8}$$

$$p(S,T) = Xe^{-rT}N(-d_2) - SN(-d_1) \tag{2-9}$$

式中，

$C(S,T)$ 表示看漲期權價格；

$p(S,T)$ 為看跌期權價格；

r 為無風險利率；

S 為交易所金融資產現價；

X 為期權交割價格；

T 為期權有效期；

$N(\ )$ 表示正態分佈變量的累積概率分佈函數。

B – S 模型誕生以來對金融衍生產品市場產生重要影響。但是由於 B – S 模型的假設前提較為苛刻，為了更加貼近市場，許多學者不斷放鬆模型假設，嘗試進行模型的修正和完善。其中，默頓（1973）、布萊克（1976）等將可支付紅利的資產、期貨、外匯等標的資產的期權定價模型進行了論證和擴充。

2.2.3 家庭金融研究脈絡梳理

坎貝爾（2006）提出將家庭金融作為與資產定價理論、公司金融理論等並列的獨立研究方向。通過梳理文獻，將家庭金融學分為實證主義家庭金融和規範主義家庭金融。目前大量的研究主要採用實證方法和工具，取得的成果主要包括以下幾個方面。

1. 影響家庭金融資產配置的因素

在研究中，勞動收入、不同偏好結構、房產、人口統計特徵、經濟社會因素、保險等不斷被引入，在家庭資產配置的實證中不斷加以檢驗（Bertaut, 1998; Guiso, 2001; Alessie, 2002; Agnew, 2003; Shum & Faig, 2006; Worthington, 2009; Gormley, 2010）。國內學者也進行了豐富的研究。如黃興海（2004）驗證了家庭的信用卡借貸能夠對消費起到促進作用。陳彥斌（2008）驗證了教育水準、婚姻狀況對家庭財富累積的影響。陳彥斌（2008）、陳斌開和李濤（2011）研究發現居民家庭的資產組合與財富水準直接相關，通常擁有較高財富水準的家庭，資產組合更加多元化，反之則資產比較單一。吳衛星等（2010）從生命週期效應、財富效應以及住房的角度研究了中國居民家庭投資結構變化的影響因素，表明中國居民家庭投資結構的生命週期特徵在某種程度上存在，但是對不同資產不一致。陳瑩等（2014）、魏先華等（2014）從收入、替代效應、生命週期效應、財富效應以及住房投資的擠出效應等多方面實證檢驗了影響中國居民家庭金融資產配置的因素。

2. 家庭財富、負債等對家庭消費的影響

研究發現借貸增加了消費（Coulibaly & Li, 2006; Benjamin & Chinloy, 2008）。黃靜等（2009）研究發現房地產財富對居民消費有顯著的促進作用。蔡明超等（2011）研究認為在家庭資產和負債管理中，生命週期投資理論比傳統投資組合理論的實用性更強。

3. 家庭資產和負債的國際比較

研究不同地區或人群的家庭資產和負債構成，以及富裕程度、儲蓄率、資本市場化比例等因素對資產配置的影響（Campbell, 2006; Ynesta, 2008; Calvet, Campbell & Sodini, 2009）。杜春越等（2013）、高明（2013）對跨國家庭資產配置構成及發展環境的對比研究。

4. 資產配置的重要性和投資組合有效性

Brinson（1986）文獻說明了戰略性資產配置是決定投資收益的最重要因素，這也成為以後關注資產配置研究的重要方向，此後的研究重點關注於經濟週期、貨幣政策等宏觀因素與資產配置的關係（Ferson & Merrick,

1987；Siegel，1991；Brocato Steed & Taylor，1998；Bolten，2000；Jensen & Mercer，2003）。美林證券（2004）提出「投資時鐘理論」，並對經濟週期的不同階段提出大類資產配置的思路。鄭木清（2003）研究了經濟週期和資產配置的關係，提出了投資者在同經濟週期階段上進行戰略資產配置的基本規則。房四海（2009）採用美林證券相同的數據處理方法，檢驗了中國的市場情況。盛偉華（2010）提出了基於長波經濟週期的戰略資產配置。陳婷等（2011）驗證了養老基金在股票、債券和現金等大類資產之間進行戰略配置的優化問題。楊朝軍（2012）檢驗了收益可預測性條件下，長期投資者對風險資產的配置會明顯增加。吳衛星（2015）基於夏普比率對居民家庭投資組合的有效性進行了研究。

5. 前景理論和行為投資組合理論研究

卡尼曼和沃特斯基（1979）強調投資者並非完全理性，提出了前景理論（prospect theory）。Shefrin & Statman（1994、2000）提出了行為投資組合理論（behavioral portfolio theory，BPT），強調投資者對不同類型資產有著不同的投資目的和態度，不再把資產組合看成一個整體，而是根據不同投資目的形成層狀的投資組合，很大程度上拓寬了大類資產配置的理論空間。

2.3 私人財富管理研究進展

財富管理或私人銀行服務是以個人、家庭及其擁有企業的金融或非金融資產為對象，以定量的資產組合管理理論和定性的財富規劃安排為手段，以財富保全、財富增值、財富保障和財富傳承為目標的全方位、個性化綜合解決方案[①]。

---

① 王增武，黃國平，陳松威. 財富管理的內涵、理論與實證［J］. 金融評論，2014（6）：113-120.

2.3.1 國外研究和實踐

從國際實踐情況看,信託是財富管理服務中運用最廣泛、優勢最突出的制度基礎,而資產配置是財富管理的一個重要方面。財富管理是以現代投資組合等資產配置理論和生命週期理論為基礎,其中,資產配置理論主要是從空間維度來研究不同投資資產間的最優配置問題,以實現有效控制風險的前提下,收益最大化的目的;而生命週期理論主要是從時間維度來研究在生命週期的不同階段如何將收入進行合理的儲蓄、消費等安排,以實現整體生命週期效用最大化。

自博迪(1992)率先將生命週期理論並將其運用到投資領域後,霍和羅賓遜(2003)在構建財富管理基本框架基礎上,提出了財富管理的規劃方法和管理運作模式。霍爾曼和諾森布魯門(2003)認為投資者的理財目標應在整個生命週期內長遠規劃,並選取適當的工具進行組合。布如諾(2006)圍繞私人財富資產配置中的多樣化選擇、資產定位、稅收等問題進行了廣泛研究。埃文斯基等(2011、2014)在其著作中明確區分了財富管理和為共同基金與養老基金等機構服務的資金管理之間的差異,財富管理方法與資金管理方法完全不同,它要求為客戶制訂獨特的解決方案,幫助客戶實現人生目標。

2.3.2 國內研究和實踐

國內銀行開展私人銀行或財富管理業務相對較晚,初期研究以借鑑國外金融機構實踐做法和經驗為主,後來逐步拓展到財富管理業的宏觀影響等方面。任丁秋(1999)較早介紹了瑞士私人銀行業與資產管理的經驗。葉菲(2009)提出中國商業銀行的私人銀行業務要實現理念、機構、產品、服務等金融創新。曹彤、張秋林(2011)系統梳理介紹了私人銀行業務經營運作的體系框架。王小平(2011)對商業銀行高端個人客戶群的資產配置特徵進行了分析,結合投資時鐘理論構建了商業銀行高端個人客戶群資產配置模型。林採宜(2012)全面介紹了國際財富管理市場的界定、容量、機構佈局、業務範疇、收費模式、組織模式、發展趨勢等。張曉婧

（2012）討論了商業銀行如何探索發展家族理財室業務。王都富（2012）對中國富裕階層金融行為特徵進行了分析，提出了建立和發展中國商業銀行財富管理業務的思路和建議。蔣松榮（2013）從財富管理視角分析了中國私人銀行客戶需求的結構和特點。任軍（2014）研究認為財富管理的實質就是客戶關係管理。於濤（2014）、賈旭輝（2014）等對私人銀行的業務模式和資產配置管理等進行了研究。王建文、徐興旺（2014）基於風險-收益理論進行了財富管理產品評價體系研究。王增武等（2014、2015）基於均值-方差理論對財富增值、財富保障和財富傳承進行了理論檢驗，並且從宏觀視角進一步探討了財富管理業務與信用總量、經濟週期之間的關係，在提高資源配置效率方面的功能定位，以及市場微觀機構的問題。

2.4　文獻綜述評析

雖然家族信託歷史悠久，但由於其私密性很少作為公開研究的對象，而且在英美法系下的家族信託更多體現的是高度精巧的法律安排，財產的積極投資管理問題隨著信託功能的擴張和專業受託人的興起而重要起來。多數研究和實踐成果往往在家族信託相關司法判例中間接體現。中國由於承繼信託制度時日尚短，信託相關理論和實踐還多關注於其投融資服務功能，而作為本源的財產傳承作用隨著財富市場的發展才剛剛受到注目。因此，當前研究成果主要還停留在對家族信託的特性、法律制度缺陷，信託與遺囑、保險等在財產傳承方面的比較，等等，缺乏對家族信託業務更深層次的研究。綜合來看，有以下幾方面具有進一步研究的空間和必要性。

1. 家族信託資與資產配置的理論、方法問題

從家族金融及私人財富管理等問題研究來看，以生命週期假說、現代投資組合理論為基礎，經過幾十年的發展演進已經形成了豐碩的成果。尤其是生命週期假說不斷豐富發展，由家庭生命週期擴展到企業生命週期、產業生命週期等更廣泛的理論空間，在家庭財富管理的宏觀層面、微觀層

面指導和運用上也取得了豐富的成果。而投資組合理論作為現代投資和資產管理的經典理論，在實踐領域更是得到了普遍的運用。但是，針對家族信託這一特定領域，儘管生命週期理論提供了有效的分析方法，但仍局限於家庭或個人壽命週期。家族信託基本目的是實現財富的跨代傳承，因此在信託期限、投資目的方面與一般的基於生命週期的投資管理和資產配置有較大差異，之前研究很少涉及，為開展本書研究和創新提供了一定空間。

2. 信託公司家族信託業務中投資管理的規則問題

從家族信託業務和私人財富管理的實踐情況看，信託作為重要的基礎架構安排，在管理過程中需要面對較為複雜的信託管理問題，比如家族信託客戶的識別、信託財產的確認與交付，以及信託財產的積極管理等問題，受託人主動管理的邊界不斷擴張，與之相對應需要承擔的責任和義務更大，對受託責任的衡量、控制要求越高。國外信託經過長期發展，已經將現代投資組合理論等融合形成相應的謹慎投資人規則，為受託機構開展家族財富的受託和積極管理提供了重要依據。而中國信託法立法時間較晚，其中對於受託人行為和義務的規範要求相對原則；目前家族信託業務也剛剛起步，因此無論是在理論基礎上、法律體系完善上，還是業務運作規則上都有很多空白點和盲區，很值得進行深入研究。

3. 家族信託業務在中國發展的特殊性和信託運用問題

近40年來中國經濟的快速增長，造就了一大批的創富一代群體，年齡結構上已經進入中老年為主，未來一二十年將進入中國財富傳承需求的集中爆發期。中國私人財富的傳承無論是從歷史文化的傳統、法律制度、家庭倫理等外部環境，還是具體到財富的類型、結構等特徵，都呈現出獨特的發展特性。信託作為國際上成熟的財富傳承制度和工具，如何在中國即將到來的財富傳承市場上發揮重要作用，作為營業信託專業機構的信託公司如何參與市場，都有很大的探索與實踐空間。

3　家族信託的概念、結構和特徵

　　現代信託制度主要源於規避當時法律對遺產繼承等方面的限制，實現遺產承繼和保護家庭財產等目的。經過數百年的不斷演變，現代信託制度的功能已經不斷擴展，在國際範圍內家族財富管理、傳承中運用十分普遍。

3.1　家族信託的溯源和定義

3.1.1　家族信託的溯源

　　信託制度最早可溯源至古羅馬帝國時期的遺產信託（fedei commissum）。根據當時的法律規定，遺產繼承權並非人人都享有，不僅將外來人、被解放的自由人被排除在外，而且婦女遺產繼承權也會受到嚴格限制。因此，為了規避《羅馬法》對繼承權資格的嚴格限制，一些羅馬人選擇將自己的財產委託移交給所信任的人，要求他能夠為其妻子、子女或指定的繼承權受限人的利益，對財產進行管理和處分，從而實現自己財產在繼承事項上的有效安排[①]。

[①]　劉金鳳，許丹，何燕婷等. 海外信託發展史［M］. 北京：中國財政經濟出版社，2009.

13世紀前後出現於英國的尤斯（use，或稱用益）制度，被認為是現代信託制度的起源。當時，教會具有很強的勢力和影響力，而且許多信徒在去世時，都選擇將自己的土地捐贈給教會。由於教會無須向封建領主繳納地租，享有特權。這種土地捐贈行為使得大量土地向教會集中，而傳統的封建領主卻無法再從土地中獲得利益，紛紛起來反對。為了維護封建土地制度的穩定性，保護封建領主的利益，英國國王亨利三世頒布了《沒收法》，禁止農民向教會捐贈土地。為了規避這一法律限制，實現向教會捐贈土地的目的，英國創造出了尤斯制度，教徒們先將土地轉讓給他人，要求接受轉讓的人管理土地，並將土地產生的收益交給教會，到15世紀尤斯制度已經得到了普遍的運用。1536年英國頒布《用益法》，將與土地利益相聯繫的用益權種類引入普通法，建構了現代信託法的基礎，其中積極用益、有限地產和動產的用益、用益之上的用益等在發展中創新出的新用益類型，經過司法判例的不斷檢驗，到16世紀最終形成了現代意義上的信託制度①。

　　美國早期直接承繼了英國的土地制度和衡平法法律制度。獨立戰爭以後，直到1822年農業火險借款公司獲得受託人特許權，開始了信託制度在商業領域運用的先河。而家族信託則出現於19世紀末、20世紀初，美國經歷了經濟持續快速發展的「鍍金時代」（gilded age），一些富裕家庭開始利用信託安排來實現其財富規劃和傳承安排，與市場需求變化相適應，各州的法律法規也相應調整變革，進一步增加了家族信託的靈活運用空間。

　　信託制度主要源於其獨特的制度設計和彈性安排，在產生之初就是為了規避當時法律對遺產繼承等方面的嚴格限制，實現遺產承繼和保護家庭財產等目的，因此更多體現為消極性特徵。經過數百年的演變，現代信託制度的功能已經不斷擴展，由早期的財產消極代管，演變為財產積極管理，而且在財產管理中擴展出投資和融資、風險管理等金融功能，以及社

---

　　① 關於現代英國信託制度的源起，還有其他多個不同解釋，如聖方濟各教派的信託為修士提供居所的用益權使用；為突破封建土地制度的限制而建立用益，如禁止土地捐贈，實行長子繼承制、規避當時的封建附屬權利等；十字軍東徵時期，士兵為使土地財產得到保護，轉讓給朋友管理，通過用收益保障家人生活需要；15世紀中期玫瑰戰爭，參戰貴族避免戰敗後土地被沒收，而進行信託安排，等等。

會公益等功能。歸根到底，信託與其他金融方式和工具的根本區別還是在於它獨有的財產隔離功能與權利重構功能。現代金融機構開展的信託業務，本質就是充分利用信託制度，以特定財產為核心，提供「受人之托，代人理財」的資產管理服務。

3.1.2 家族信託的定義

對家族信託進行定義首先要依託於對「信託」的法律定義和認識。主要觀點有二：一是英美法系下的信託定義。英 D.J・海頓教授《信託法》中認為，「信託是一個非常靈活的機制，在該機制中受託人為了受益人的利益，以及為了實現某一目的，而擁有並管理信託財產（信託財產與他的個人財產相分離）」[1]。美國《信託法重述（三）》中將信託定義為：一種與財產有關的信義關係，因意圖設立該種關係的明確意思表示而產生，並要求持有該財產所有權者有義務為公益目的或一人或多人（其中至少一人不能是獨任受託人）的利益管理該財產[2]。二是在大陸法系下，以日本為例，按 2006 年最新修訂的《信託法》規定，信託是指特定人按照一定目的（專門謀取該人之利益的目的除外），並根據該法所示的信託方法，為實現財產管理或處分以及為實現該目的而實施的必要行為。從上述關於信託的定義比較而言，英美法系中的信託定義側重於強調信託的目的，以及受託人在其中的角色和義務；而大陸法系國家的信託定義則強調信託成立的要件，如委託人的意思表示、進行財產交付，受託人要為受益人的利益或特定的信託目的而管理信託財產等。

隨著信託被不同法系的許多國家和地區所引進與採用，為解決不同國家在涉及信託事務的交往中可能產生的法律衝突，1984 年 10 月，第 15 屆海牙國際私法會議通過了《關於信託的法律適用及其承認的公約》（以下簡稱《海牙信託公約》），共有 34 個國家參與。在《海牙信託公約》中對信託做出較為統一的定義，即由委託人為了受益人的利益或特定目的，在

---

[1] 海頓. 周翼，王昊，譯. 信託法（中英文本）[M]. 北京：法律出版社，2004：中文版序第 1 頁.

[2] 高凌雲. 被誤讀的信託——信託法原論 [M]. 上海：復旦大學出版社，2010：11.

生前或死亡後創設的一種法律關係，能夠實現將信託財產置於受託人控制之下的法律行為①。

因此，對家族信託進行定義需要考慮其所處的不同國家、適用的法律規定。在中國信託法律體系下，按照《中華人民共和國信託法》（以下簡稱《信託法》）的信託定義與框架，所謂家族信託是指一種特定的信託安排，指家族成員作為委託人，將合法擁有的財產委託給信託機構/受託人，由信託機構/受託人代為管理、處置家庭財產，並按信託目的約定，向指定受益人進行信託利益和財產分配的財產管理方式②。家族信託能夠完全基於委託人對信託財產的收益分配意願，實現客戶的財富規劃、管理、保護及傳承等目標。

3.2　家族信託的結構和分類

3.2.1　家族信託的結構

家族信託作為特殊的信託類型，在基本架構上除具有一般信託關係的委託人、受託人、受益人和信託財產等基本要素外，往往還引入信託保護人（或信託監察人），以及為家族信託進行財產管理、事務管理服務的法律、稅務、會計等仲介服務機構。家族信託的基本架構如圖3-1所示。

1. 家族信託委託人

根據中國《信託法》的規定，委託人應當是具有完全民事行為能力的自然人、法人或者依法成立的其他組織。營業信託委託人可以是《信託法》規定的各類合法主體，而且對於參與集合資金信託計劃，還要求委託人是《信託公司集合資金信託計劃管理辦法》中所規定的「合格投資者」。但是，家族信託的委託人一般是自然人，即家族財產的原始所有者或所有

---

①　徐孟洲. 信託法學 [M]. 北京：中國金融出版社，2004.
②　李超. 家族信託發展瓶頸待解 [N]. 中國證券報，2013-12-18.

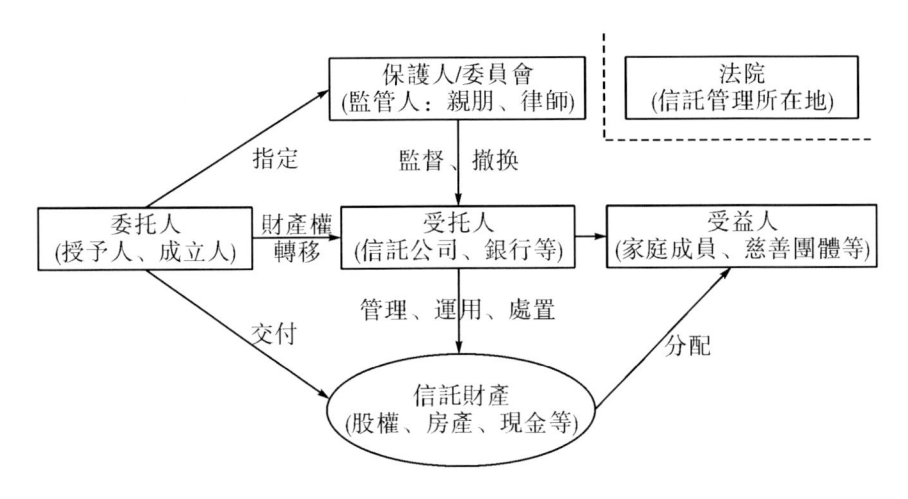

圖 3-1　家族信託基本架構

權人，也可能是財產的共同擁有者，如妻子或丈夫。由於自然人主體特性，委託人在設立家族信託時不僅年齡上應符合完全民事行為能力人的規定，且精神認知能力正常，否則可能導致設立的信託無效。

2. 家族信託受託人

受託人應當是具有完全民事行為能力的自然人、法人。根據《信託法》規定，受託人應當遵守信託文件的規定，為受益人的最大利益處理信託事務；管理信託財產時，必須恪盡職守，履行誠實、信用、謹慎、有效管理的義務。由於家族信託可能既涉及家族事務的處理，即事務管理服務為主，具有民事信託特徵；也可能涉及所信託財產的積極主動管理，達到財產保值增值的目的，具有營業信託特徵，此時擔任家族信託的受託人則需要符合具備開展營業信託業務的金融特許資格。鑒於家族信託這種業務性質所具有的獨特複合性，使得擔任受託人的主體也會因家族信託目的的差異性而呈現多樣性的特點。

從目前市場實踐看，境外家族信託的受託人一般由獨立的信託公司或大型銀行機構的信託部門擔當，規模達到一定水準的家族可以設立自己的家族辦公室或私人信託公司來擔任受託人。在中國國內，信託公司、商業銀行私人銀行部門、法律事務所、第三方理財服務機構等都在積極開展家族信託業務，在能否擔任符合委託人需求和信託目的的家族信託受託人方

面各有優劣勢，如信託公司具有營業信託業務牌照優勢，但缺乏豐富的客戶和渠道，產品服務能力有限，且現有業務模式和營運架構也很難支撐家族信託業務發展；商業銀行具有客戶和服務優勢，但缺乏開展營業信託業務的受託資格；律師事務所擁有較強的法律專業團隊，能夠提供複雜、個性化的信託方案設計和財產轉移安排，協助處理涉及婚姻、親屬、繼承等複雜民事關係，以及公司、合夥企業、金融、稅收等商業事務，但缺乏營業信託業務資格和進行資產投資管理的能力；第三方理財服務機構累積了一定的客戶資源，具備較強的客戶服務和市場能力，但並不具備營業信託資質，在資產管理產品設計和供應方面能力欠缺，特別是信用基礎相對薄弱，很難滿足家族信託長期、穩定的需求。總體來看，國內家族信託受託人發展仍處於早期水準。

3. 家族信託受益人

家族信託受益人是由委託人指定，在信託中享有信託利益分配權利的人。根據《信託法》規定，受益人可以是自然人、法人或者依法成立的其他組織。由於家族信託具有很強的他益性特徵，其受益人群體主要為委託人的家族成員。在特殊信託目的情形下，委託人可以指定家族成員以外的其他人作為信託的受益人，如將委託人的朋友、家族企業員工等與家族無血緣關係的人作為受益人，在具有公益、慈善目的安排時，受益人則是需要救助、支持的特殊人群或者特定的公益事業執行機構等。對於受益人，《信託法》賦予了與委託人相同的四項法定權利，即信託知情權，對信託財產管理方法的調整請求權，信託財產發生損害時的救濟權，對受託人的解任權、辭任同意權和新受託人選任權。此外，受益人還可享有參與家族信託財產管理、家族事務處理的管理權，以及對家族信託保護人的選任權等約定權利。一般情況下，家族信託受益人並無法定義務，但通常會通過家族憲章或者信託文件等，對家族成員的行為進行規範，並以是否遵從這些家族規範作為獲得受益權利益的前提條件。

4. 家族信託的信託財產

根據《信託法》第七條規定，信託財產應當「確定」且為「委託人合法所有的財產」；同時第十一條進一步規定，「法律、行政法規禁止流通的財

產，不得作為信託財產。法律、行政法規限制流通的財產，依法經有關主管部門批准後，可以作為信託財產」。因此，可作為信託財產的資產範圍很廣泛，可以包括有形財產，如貨幣資金、動產、不動產等物權類資產，也包括無形財產和財產權，如各種用益物權、債權、股權、知識產權，以及其他可在未來產生現金流，或形成市場認可價值，且價值可評估的合法財產權利。在《信託法》第二條關於信託的定義中，委託人將其「財產權」委託給受託人。但是，由於財產或財產權概念源於英美法系，目前中國尚未有與財產權直接相關的成文法，且缺乏信託財產登記制度，使得信託財產的確認、轉移存在瑕疵，很大程度上限制了信託功能發揮空間。

5. 家族信託的保護人

家族信託保護人（protector）是指信託文件中指定的有權對受託人管理信託財產和處理家族事務行為進行監督、引導、限制的主體。保護人制度主要產生於離岸信託，主要原因是，一方面，由於信託設立地和適用的法律管轄為離岸地，與委託人居住地、主要活動地有較大差異，為規避風險，需引入熟悉離岸地相關法律環境的保護人來對受託人進行有效監督；另一方面，基於家族信託的長期性，為了能夠確保受託人按照委託人意願履行信託合同約定，實現家族信託的目的，保護受益人利益，通過保護人機制實現「墳墓裡伸出的手」的效果。目前對於信託保護人的具體含義和權利義務等尚無統一規定，只是在法律上明確應有保護人安排，如英屬維京群島、庫克群島等離岸地。

保護人權利通常較為廣泛和有彈性，主要可包括監督受託人職責履行情況，可撤換受託人並指定新受託人；知悉、監督信託管理營運情況，可在委託人授權下對信託文件的條款、設立地、準據法等進行變更，在受託人違反信託目的或信託文件約定造成信託財產損失，有權向法院申請撤銷受託人的處分行為，行使對損害賠償的請求權；約定的信託報酬請求權；變更受益人或受益規則的權利等。中國《信託法》中並未對保護人做出規定性安排，按照信託合同意思自治的原則，在家族信託中引入保護人安排時，需要通過信託文件的明確約定，對保護人的主體資格，變更、辭解任，以及在信託中的權利與義務等進行明確規定。

6. 家族信託的監察人

在家族信託以公益或慈善目的為主時，應當按照《信託法》《慈善法》，以及原銀監會、民政部聯合印發的《慈善信託管理辦法》等相關規定，需要在信託中設置信託監察人。從制度安排上看，信託監察人主要負責對受託人的行為進行監督，依法來維護委託人、受益人的權益。在信託存續管理和信託事務執行期間，信託監察人如果發現受託人違反信託義務，或者不具備履行職責的能力等情形時，應當及時報告給委託人以及公益事業主管部門；信託監察人有權以自己的名義向人民法院提起訴訟；對受託人提交的信託清算報告進行事前認可①。由此可見，與以私益為目的的家族信託中的信託保護人相比較，在家族信託以公益或慈善目的為主，並按照法律法規登記備案為慈善信託或公益信託後，信託監察人在信託中發揮著重要的主體功能，有著明確的權利與義務，與私益目的的家族信託中的信託保護人具有一定相似性，但由於涉及公益目的，受益人事前並不確定，因此需要履行的職責和義務強制性程度更高。

7. 家族信託的專業顧問

家族信託的受託人在進行財產管理、家族事務處理時，可以聘請不同的專業機構來提供專業技術支持和服務，但專業顧問並非家族信託的固定參與者。如在家族財產的專業投資、保值增值運作時，需要引入證券、銀行、資產管理公司等專業機構；在進行財產分割、處置、交易時往往需要借助法律、會計、稅務等專業機構和人員的服務支持；在開展慈善公益項目的篩選、管理等時，一般需要通過與基金會等慈善組織進行合作。

3.2.2 家族信託的分類

信託分類的維度十分豐富，從家族信託的實踐角度考慮，可從以下幾個重要維度來進行分類：

1. 按信託的具體目的

家族信託是委託人對家族財產進行整體性、長期性規劃安排的重要工

---

① 《中華人民共和國慈善法》，2016年4月頒布實施。

具。根據委託人設立信託的目的不同，主要可分為家族財富保護信託、家族財富增值信託、家族財富傳承信託，或者以上三類信託目的的混合[①]。簡單來講，家族財富保護信託就是將家族財產通過設立信託與其他財產隔離，一旦發生經營風險或其他財產發生風險，設立信託的財產能夠免予被債權人追索，從而繼續為家庭成員提供生活保障。同時在方案中也會考慮稅收籌劃目的，節約或減輕繼承人在遺產繼承時需繳納的稅額。家族財產增值信託是委託人設立信託時，通過受託人專業化的投資管理，實現家族財產的保值增值，應該來講，財產保值增值是家族進行財產管理安排的一般性需求，而非設立家族信託的根本性需求。當前國內市場上以財產保值增值目的為主的家族信託主要與當前經濟發展和財富累積階段緊密相關。家族財產傳承信託的目的是委託人希望通過信託方案設計，實現其家族財產，尤其是家族企業股權、不動產等特殊性財產的平穩轉移和管理，防止因其個人年齡問題而影響家族企業正常營運，或者對家庭成員間的財產分配進行妥善安排，這也是家族信託最核心的功能和優勢所在。

2. 按信託財產類型分類

信託財產是信託關係的核心，根據委託人交付財產的類型差異，可以分為資金信託、動產信託、不動產信託、股權信託、藝術品信託、保險金信託、知識產權信託、債權信託[②]，以及由兩種以上不同類型財產組成的混合信託[③]。

3. 按信託設立地分類

由於信託制度在法律框架下有英美法系和大陸法系的兩大分野，因此家族信託的設立需要綜合考慮的因素較多，其中設立地選擇和適用法律是尤為重要的考慮因素。如果委託人在其身分、居住所在國設立的家族信託，適用本國、地區法律並由當地法院管轄，則為在岸（onshore）家族信

[①] 陳進. 中國家族信託現狀與完善機制研究 [R]. 2015 年信託行業研究報告，2015.

[②] 劉澄，王楊. 財產傳承類家族信託模式及其產品設計 [J]. 會計之友，2015（4）：12-15.

[③] 日本通常稱為綜合信託或總括信託，指同一信託所承接的兩種以上不同種類財產的信託，自 1982 年 4 月兼營法實行後承認，主要表現為設立土地信託時，將土地和部分建築款一併交付信託，近年來的年金信託業多表現為金錢和有價證券組合一起交付。

託。如果委託人將其信託設立在境外，尤其是離岸地區，信託關係人及信託行為一般在境外進行，適用離岸地區的法律並由當地法院管轄，則為離岸（offshore）家族信託。離岸地區在信託法制的完備性、稅收條件、保密性等方面具有優勢，成為吸引家族信託客戶的主要考慮因素。

4. 按受託人的權限分類

根據受託人對家族信託管理權限的不同，可以區分為自由裁量信託、固定信託。所謂自由裁量信託（discretionary trust），亦稱全權委託信託、酌情信託，指委託人在信託文件中並不明確受益人享有的信託利益，而是授權受託人根據實際情況加以分配，包括分配給哪些受益人，分配多少等[①]。由於受益人無法獲得任何固定的信託收益，債權人以及法院就無法判定受益人在信託資產項下的權利，因此可以避免債務追償。在有的國家、地區，委託人和受益人也可以達到規避遺產稅的效果。固定信託（fixed trust）是指由委託人在信託文件中確定受益人分配方案，受託人需嚴格按照信託文件約定遵照執行，不能任意更改。當受益人的債權人要求司法執行受益人在信託中可以獲得的、未來的收益時，債權人的請求一般會得到法院的支持。

5. 按信託的撤銷權分類

根據委託人在設立信託時是否保留了撤銷權，可將家族信託區分為可撤銷信託和不可撤銷信託。可撤銷信託（revocable trust）是指委託人為保留家族財產的控制權或調整家族信託關係，在信託文件中保留了隨時可以終止信託、變更修改信託條款、或隨時增減信託財產的權利。由於委託人依然是信託財產的實際擁有或控制人，為保護其債權人的合法權益，該類信託可能被法院認定為債務追償財產，無法實現破產隔離功能。不可撤銷信託（irrevocable trust）是指家族信託的委託人在設立信託的文件中未附有撤銷條款，且不保留對於信託文件的變更權利，在信託財產上通常允許進行財產的追加，但不能減少，也即信託的終止已經脫離委託人的控制，能夠實現資產與委託人其他財產的破產隔離效果。

---

① 何寶玉. 英國信託法原理與判例 [M]. 北京：法律出版社，2001.

3.3 家族信託的特徵和比較

3.3.1 家族信託的特徵

作為一項以家族財產為核心進行有效管理和傳承安排的信託業務方式，與目前市場上常見的信託業務相比，家族信託呈現出以下特有的特徵。

1. 信託財產的混合性

信託財產是受託人因承諾信託而取得的財產，是受託人按照委託人的意願加以管理或者處分的對象。根據《信託法》相關規定，信託財產應滿足兩個基本條件：一是合法性，該財產是委託人合法擁有的合法財產或財產權；二是確定性[①]，在大陸法系下通常通過財產的可移轉性原則來對確定性進行衡量，中國《信託法》法規要求信託財產的轉讓應不屬於法律法規禁止的範圍，在此基礎上充分體現了信託財產的包容性和多樣性。從目前中國信託業務實踐看，信託財產多以現金資產為主，且信託產品下財產類型較為單一，一定程度上也是為了變通突破信託財產登記制度缺失的障礙。由於家族信託涉及整體家族財富的綜合性安排，而家族財富構成中除現金資產以外，大量資產體現為股權、不動產，同時可能還持有大量動產、金融產品投資份額，以及獲得的專利、版權、商標等知識產權等，信託財產類型較為複雜、多樣，呈現混合性、綜合性特徵。

2. 信託受託人的多元性

根據《信託法》規定，受託人應當是具有完全民事行為能力的自然人、法人。從業務實踐上有民事信託與營業信託的區分，依據《國務院辦

---

① 將標的物不確定的信託規定為無效信託系英國首創。在奈特訴奈特（Knight v Knight, 1840）案中，法官認為，作為一個明示的私益信託，應該具備創設信託的明確的信託意圖、確定的信託標的和確定的受益人。這被後世尊稱為信託「三確定性」原則。

公廳關於<中華人民共和國信託法>公布執行後有關問題的通知》的規定，目前中國法律、法規禁止非營業性受託人從事營業信託，而未禁止營業性受託人從事民事信託，因此家族信託性質的認定就決定了受託人的類型和範圍。

關於營業信託與民事信託的劃分，理論界和實務界一直有不同的觀點。第一種是根據信託活動中受託人是否收取報酬為界限來界定。即收取報酬的屬營業信託，不收取報酬的屬民事信託。第二種則是根據受託人是否屬於營業性的受託人，即委託營業性受託人的信託一般為營業信託，委託非營業性受託人的信託一般為民事信託[1]。第三種是根據信託財產的管理目的來區分。在卞耀武主編的《中華人民共和國信託法釋義》中說明，「民事信託，是以完成一般的民事法律行為為內容的信託，通常是以個人財產為撫養、贍養、繼承等目的而設立的信託」，該類信託在運用信託財產的時候不是以信託的財產的增值保值為終極目的，而是通過運用信託財產來實現諸如撫養後代、贍養長輩、特定安排、慈善公益等目的。民事信託中受託人的管理、處分信託資產的權利非常有限，很少涉及進行投資運作等。而在營業信託中，委託人委以受託人財產時，主要希望受託人將信託財產進行積極投資，參與資本市場或實業項目，實現信託財產價值增值的目的。在受託人盡責到位情況下，信託財產投資帶來的風險或收益都由委託人承擔。

綜上所述，本書認為第三種觀點更具實操價值，家族信託由於存續時間較長，委託人的信託目的十分豐富和多元化，既有投資理財，側重於保值增值，也有側重於財產保護和傳承，進行稅收策劃、財產隔離和規劃，滿足財富的風險隔離和傳承需求，還有實現公益目的、回饋社會等需求。因此將家族信託簡單地分為營業信託或民事信託並不容易，在實踐中擔任家族信託的受託人主體也就不可能局限於營業性信託機構，還可能包括委託人信任的親朋好友、律師事務所、會計師事務所、第三方理財機構等。

---

[1] 席月民. 中國當前信託業監管的法律困境與出路 [C] //金融法學家（第二輯），2010.

3. 信託設立的意定性

根據信託設立是否需要委託人的意思表示，可將信託分為意定信託和非意定信託。意定信託分為生前信託（合同信託和宣言信託）和遺囑信託。非意定信託主要有法定信託、推定信託等種類。英美信託法對意定信託和非意定信託都予以承認。中國信託法目前只承認意定信託，原則上不承認非意定信託。根據《信託法》規定，設立信託，應當採取書面形式。書面形式包括信託合同、遺囑或者法律、行政法規規定的其他書面文件等[1]。家族信託涉及對家族財產和家族事宜的具體規劃，對受益權的分配和受益人的指定、受託人選任和準據法適用等問題，需要通過信託文件的明確約定，合同條款完全根據委託人意願而訂立，因此，家族信託設立必須有委託人明確的意思表示，且通過信託合同文件等書面形式確立下來。

4. 信託利益的他益性

根據信託利益是否為委託人來區分，可以將信託分為自益信託和他益信託。自益信託是指由委託人本人作為受益人享受信託利益的信託。目前信託公司開展的集合資金信託計劃業務中，根據《信託公司集合資金信託計劃管理辦法》明確規定，委託人與受益人須為同一人，即信託計劃都屬於自益信託。他益信託是指委託人指定自身以外的其他人作為受益人，享受信託利益的信託。家族信託設立的目的主要是為了家族和家族成員利益，受益人一般為家庭成員，根據需要還可能將未出生的家庭成員納入受益人範圍，還有部分家族信託的設立並非僅僅出於私益目的，而是用於發展慈善公益事業，此時家族信託的受益人並不確定。簡而言之，家族信託在信託利益分配時更強調委託人以外的其他人群作為受益全體，具有較強的他益特徵。由於家族信託主要涉及跨代財產的傳承、轉移安排，信託設立後原始委託人可能因身故等原因退出，因此如何監督受託人行為，確保按照信託目的和文件約定，真實有效地為受益人利益服務，監督以及相應的救濟保護安排就顯得尤為重要。

---

[1] 《中華人民共和國信託法》第8條。

5. 信託管理的複合性

家族信託是以事務管理為主要特色的財富管理服務。在家族信託中，受託人不僅包括對家族財產的管理、處分，還包括對家族事務的管理，包括股權和不動產等財產管理、家族治理、子女教育、家族文化傳承等。從英美等國家情況看，家族事務管理是設立家族信託的重要原因，通過信託實現家族財富的保全、傳承，也成為家族信託這一業務的獨特價值所在。但在中國仍處於經濟快速增長和財富累積時期，現階段家族信託設立時往往對於財產的保值增值目的提出了更多考量，因此信託機構投資管理運作能力方面的優勢在很大程度上成為委託人關注的重點，家族信託管理呈現出兼具財產管理和事務管理的特徵。無論是營業性的信託機構，還是律師事務所、第三方理財等民事信託受託機構，都需要能夠提供信託管理的綜合化服務。

3.3.2 家族信託的比較

從國際私人財富管理實踐發展看，除家族信託以外，還有其他一些方式和工具來實現財富的傳承、保護，如遺囑、保險、家族基金和家族辦公室等。

1. 遺囑

遺囑是遺囑人生前在法律允許的範圍內，對其遺產或其他事務進行處分做出的安排，並在死亡時發生效力的法律行為。根據《中華人民共和國繼承法》規定，遺囑可採用的方式有公證遺囑、自書遺囑、代書遺囑、錄音遺囑、口頭遺囑等。為確保遺囑是遺囑人的真實意思，減少糾紛，法律對遺囑真實性、有效性的認定做了詳細規定[①]。遺囑存在一定缺點：一是無法隔離繼承人所負擔的債務，當出現法律糾紛時，往往會給委託人及受益人帶來很大困難。二是無法實現對遺產的持續管理安排。三是當遺產構成中涉及不動產、股權以及海外資產時，進行權屬變更的法律手續較為繁瑣，可能還有大筆的稅費支出，給繼承人帶來較大的經濟壓力。因此，儘

---

① 《中華人民共和國繼承法》，1985年11月實施。

管遺囑作為傳統的財富傳承安排方式，具有很強的法律保障性，在社會生活中被普遍使用。但是，正如一枚硬幣的兩面，遺囑在財產的靈活性安排方面就受到很大限制，因此在財富群體中，遺囑通常並不單獨作為財產傳承安排的形式，而是與信託等其他財富傳承形式相結合，通過遺囑信託等創新方式來實現遺囑繼承和信託主動管理安排的優勢互補，從而最大限度滿足財富人群進行財產傳承規劃的需求。

2. 保險

根據《中華人民共和國保險法》的規定，人壽保險金歸受益人所有，不屬於被保險人的遺產，受益人不因享有人壽保險金而需清償被保險人生前所欠的稅款和債務；任何單位和個人不得非法干預保險人履行賠償或者給付保險金的義務，也不得限制被保險人或者受益人取得保險金的權利。應該來講，法律賦予了保險金很強的財產獨立性，能夠實現與被保險人間的資產隔離效果[①]。同時，保險金的免稅政策也十分明確，這也決定了保險在財富長期安排中具有重要意義。從家族財富和家族成員維度考慮，家族保險從類型上可以進一步劃分為財產保險、人壽保險、健康保險和養老保險四個類別，從不同角度實現對家族財富安全與家族成員健康的保障。但是保險僅能容納現金資產，無法適用於股權、不動產等非資金財產，而且保險資產管理的效率和收益較低，不適合作為最主要的財富保值增值工具，以及財富傳承的主要安排。

3. 家族基金

家族基金（family foundation）指資金主要來源於同一家族的多個成員的基金，具體載體形勢可能有信託、離岸公司，或者單一帳戶等。家族基金在歐美運用較為普遍，包括摩根、洛克菲勒、卡內基、梅隆等，為管理和傳承家族資產成立家族基金。從基金會設立目的看，公益並非基金會的唯一目的，基金會可以同時為設立者及其家族成員分配利益，部分離岸地區還允許出於私益目的而設立基金會。在中國設立基金會主要依據國務院《基金會管理條例》，需以從事公益事業為目的，需在民政部門登記管理。因此，目前

---

① 《中華人民共和國保險法》，1995年6月頒布，2015年4月第四次修訂。

法律法規環境下還很難將家族基金會作為財富傳承架構的主體。

4. 家族辦公室

家族辦公室主要服務於財富規模達到相對較高水準的家族，私密性更好。目前有兩種基本類型：單一家族辦公室和多家族辦公室。單一家族辦公室（single family office，SFO），是僅為單個家族監管財務以及生活方面的事務的機構。多家族辦公室（multi-family office，MFO）則同時服務多個財富家族，主要提供財富增值等專業性服務。

家庭財富傳承和管理工具比較見表 3-1。

表 3-1　　　　　　　　家族財富傳承管理工具比較

方式	概述	優勢	劣勢
家族信託	家族信託是指委託人以家族財富的管理、傳承和保護等為目的，委託信託公司管理的，主要針對家族客戶的信託	能夠實現財富傳承、保值增值、保護等多重目的；受益人範圍廣泛；期限長，穩定性好；信託財產多樣等	國內信託登記、稅收等基礎制度欠缺，信託機構服務能力有限
遺囑	遺囑人生前在法律允許的範圍內，對其遺產或其他事務做出處分安排，在死亡時發生效力的行為	簡單有嚴謹法律依據；能夠實現財富傳承，對抗性較強	難以隔離債務；缺乏持續管理，難以避免後輩揮霍財產，未來可能面臨遺產稅；遺囑執行保密性差
保險	以大額保單為基礎，通過較靈活的受益人安排，實現財富傳承和家族子女的生活保障；可以信託配合保險金信託，實現資產積極管理	保險賠款無須納稅，不受債務人追償；具有一定保值功能	僅限於現金資產；受益人範圍較窄；合同標準化，無法滿足個性化財富傳承需求
家族基金	利用捐贈的財產，以從事公益事業為主要目的成立的組織	符合監管要求就可免稅；獨立法人主體，組織化運行，可持續存在	受制於國內現有登記管理制度，運作不靈活，稅收等配套不足
家族辦公室	專門服務於特定富豪家族，提供資產配置、稅收規劃、慈善捐贈、家族事務管理等一攬子綜合財富管理服務	集中決策，提升金融資本；守護家族榮譽，提升社會資本；周密策劃，提升人力資本和家族資本	運作成本高

通過以上幾種家族財富管理傳承工具的比較可以看出，家族信託無論是對於財產的可包容性、信託管理目的豐富性、信託期限的長期穩定性、信託資產獨立性、財產處置意願的個性化設計等方面具有無可比擬的優勢；而且信託還有很好的擴充性，能夠與遺囑、保險、家族基金等其他財富傳承工具有機銜接，如保險金信託、遺囑信託，而家族基金也可以採取信託模式，等等。

4 中國家族信託市場發展特徵分析

近年來隨著高淨值人群財富管理需求的不斷增長，中國資產管理市場蓬勃發展。家族信託作為重要的信託業務分支，即將迎來爆發式發展的窗口期。

4.1 信託功能演進與家族信託需求的崛起

4.1.1 信託功能演進及中國發展階段判斷

信託功能的運用與一國經濟發展的階段、人口結構變化具有明顯的跟隨性、適應性。從英國最早創立現代信託制度以來，最早主要運用於土地財產的消極化安排，以民事信託功能為主；美國在繼承英國信託制度以後，在經濟快速發展階段，信託成為重要的金融工具和特殊載體，在商事領域、金融領域發揮了重要作用。日本作為較成功移植信託制度的大陸法系國家之一，早期也主要發揮信託的融資金融功能，直到經濟進入發達水準、人口老齡化等新發展階段後，信託的投資功能、社會性功能開始發揮重要作用。家族信託作為兼有財產保全、繼承等社會性功能，也有財產保值增值、積極管理等投資功能的特色性業務，在這一階段開始日益受到重視。圖4-1所示為信託功能發展示意。

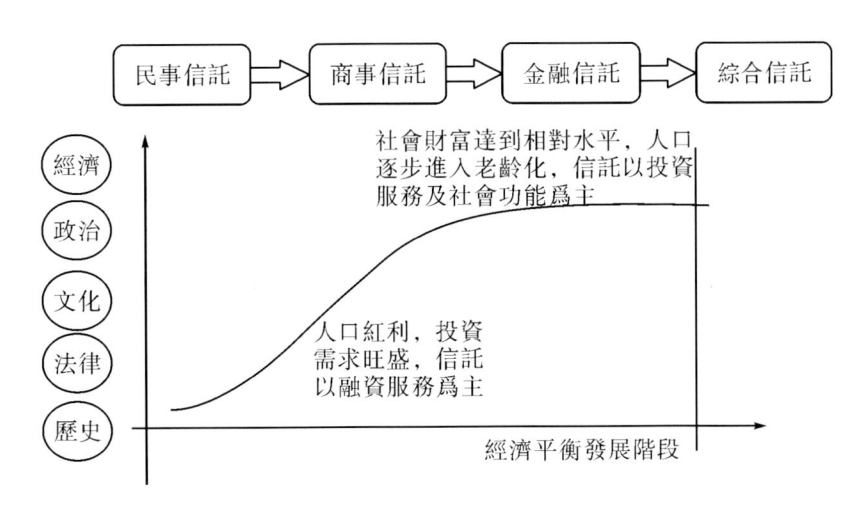

圖 4-1　信託功能發展示意

1. 日本信託功能和業務演進借鑑

以日本為例，自第二次世界大戰以後恢復發展以來，信託市場發展基本經歷了三個階段，信託業務的熱點也呈現出不同特徵。

第一階段是 1955-1975 年，日本經濟騰飛階段，1952 年貸款信託大發展，中長期融資功能為主，雖然這一階段信託機構也開發了企業年金、公益信託等業務新品種，但由於缺乏社會財富的激勵，信託財產管理功能有限，市場規模極小。

第二階段是 1975-2005 年，日本經濟繼續保持較快發展，並在 20 世紀 90 年代左右進入發達國家行列，社會財富日益豐富，財產類型也更加多元化；從 1975 年開始日本開始進入老齡化。在這種經濟和社會背景下，社會對信託制度提出了新的需求，日本政府也適時放鬆信託業的法律規制，促進了信託業的高速發展，信託業務既包括傳統的資金貸款信託、年金信託，也包括新興的土地信託、證券信託及證券化信託等財產管理類信託。

第三階段是 2005 年至今，日本已經進入深度老齡化，財產管理與承繼需求旺盛，遺囑信託、監護制度支援信託等民事信託、家族信託快速發展；同時信託的功能重點也進一步拓展，由傳統信託融資、投資功能發展到利用信託轉換功能，將信託作為新型資產運用實體的金融業務興起。圖 4-2 所示為日本信託業務演進脈絡。

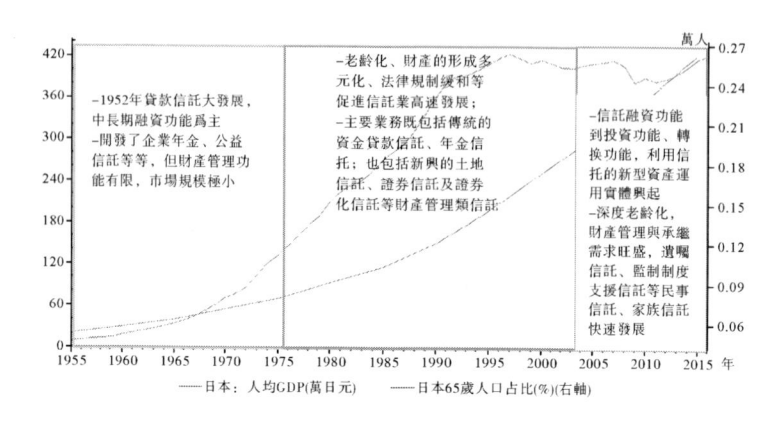

图4-2 日本信託業務演進脈絡

數據來源：WIND

日本信託業務的變化趨勢也可以從最近10年來信託財產的類型結構看出：一是金錢信託，即委託人初始交付的信託財產為現金的信託占比逐步下降，由10年前的30%左右下降到20%左右；二是總括信託（綜合信託）成為信託業務的主流，信託同時承接兩種及以上不同類型的財產，自1982年以後經法律確認後，最開始主要是委託人將土地和部分建築款一併交付信託，近年來的更多是將現金和有價證券組合一起交付，財產管理特徵十分明顯。圖4-3所示為日本信託財產類型的變化。

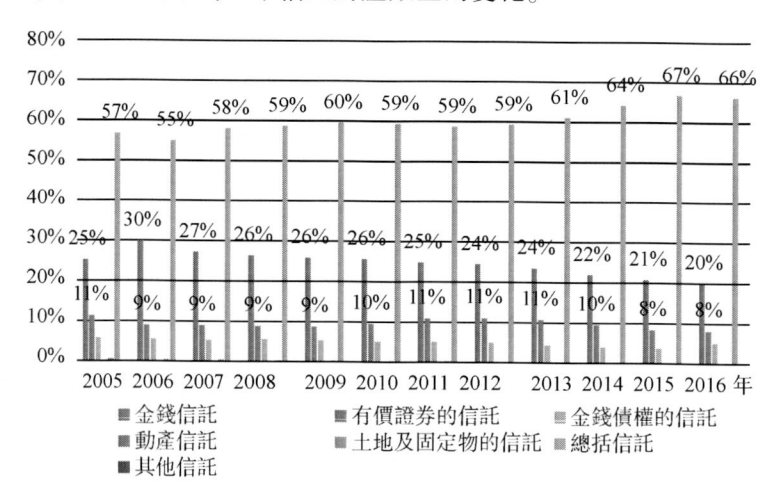

圖4-3 日本信託財產類型變化（2005-2016）

數據來源：根據日本信託業協會數據整理

2. 中國已經進入信託財產管理需求興起階段

綜合中國與日本的經濟發展水準和人口老齡化等結構指標看，2017年中國人均國民生產總值（GDP）折合8800美元，基本相當於日本20世紀70年代的水準；而從人口老齡化程度看，65歲以上人口占比接近11%，相當於日本1985年左右的水準，如圖4-4所示。

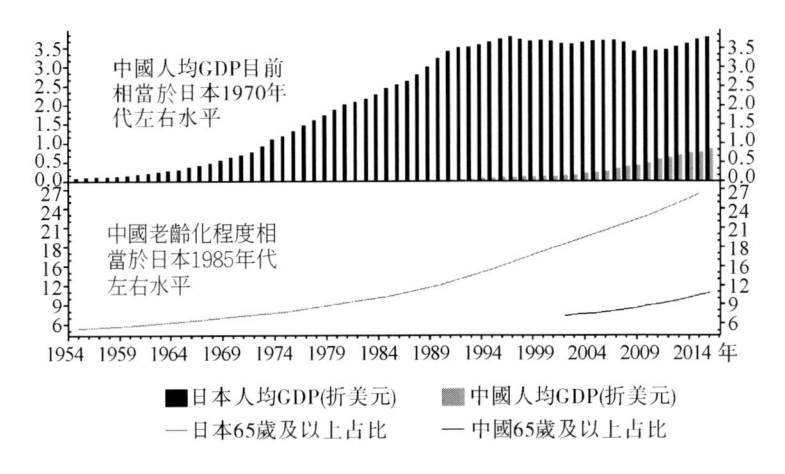

圖4-4 中日經濟發展和人口結構階段比較

數據來源：WIND

人口老齡化程度和經濟發達程度的不同步性促成中國信託市場發展的一些特殊性。按經濟發展水準看中國已經進入日本信託發展的第二階段，信託融資服務功能仍占據重要位置，同時信託財產投資管理功能開始興起；結合人口結構的因素看，以財產管理與傳承等為特徵的家族信託業務可能已經進入開始興起的階段。這種市場結構和趨勢變化特徵為信託公司著手進行家族信託業務佈局提供了可能。

4.1.2 高淨值人群財富管理需求特徵

家族信託所面對的目標客戶是高淨值人群，目前財富管理需求特徵有以下幾點。

1. 社會財富人群和投資資產規模持續擴大

根據興業銀行和BCG調查報告，中國居民財富依然保持較快的累積速

度，一般個人可投資資產總額不斷增加，2015年為44萬億元，預計2020年達88萬億元，較2015年水準增長1倍，如圖4-5所示；高淨值家庭的數量將自2015年的207萬戶增長到2020年底388萬戶，保持年均13%的增速；可投資金融資產年均增速約為15%，明顯高於同期GDP增速，如圖4-6所示[①]。根據BCG全球財富市場數據庫顯示，2015-2020年全球個人財富年增長率預估為5.9%，中國財富市場增長速度和發展潛力全球領先，未來中國將成為世界最大的高淨值客群市場之一。

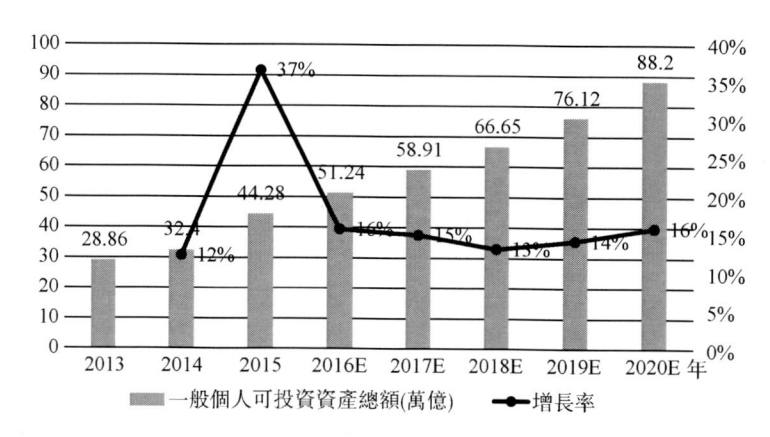

圖4-5 中國個人可投資資產規模

數據來源：興業銀行、BCG《中國私人銀行2016》

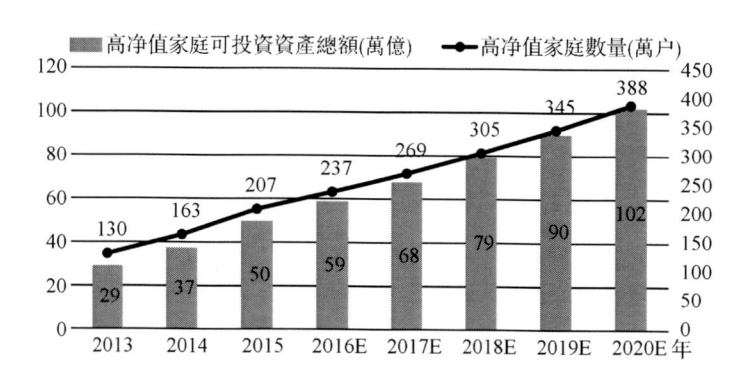

圖4-6 中國高淨值家庭數量和可投資資產規模

數據來源：興業銀行、BCG《中國私人銀行2016》

---

① 興業銀行、BCG、中國私人銀行2016：逆勢增長全球配置［R/OL］. http://www.bcg.com.

2. 高淨值人群年齡已臨近財富傳承的窗口期

目前中國擁有較多私人財富和高淨值人群的年齡結構以中年以上為主體，多數出生於20世紀六七十年代。根據興業銀行和BCG調研，2017年高淨值人士中40歲以上的占比達到62%，其中50-59歲間的占比20%，60歲以上的占比7%，如圖4-7所示。而超高淨值人士（可投資金融資產500萬美元以上）中年齡更多集中在50歲以上，占比58%，其中60歲以上的占比17%[①]。而且資產規模越大，高淨值人群的平均年齡越高。

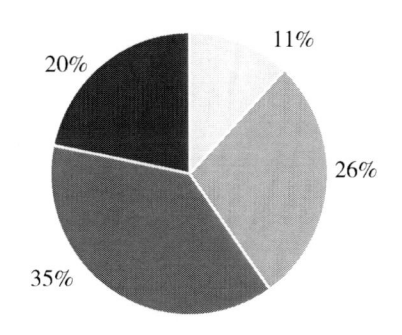

圖4-7 中國高淨值人群年齡結構（2017）

資料來源：興業銀行、BCG《中國私人銀行2017：十年蝶變、十年展望》

3. 高淨值人群投資需求向家庭綜合服務轉變

根據興業銀行和BCG調查，財富傳承正成為高淨值客戶重點關注的領域，其中21%的客戶已經在進行財富傳承安排，37%的客戶尚未開始、但近期打算考慮財富傳承事項。調研也發現，財富的迅速累積導致財產增值和保障問題開始凸顯，是引致家族客戶關心家族財富管理服務的最關鍵因素，而繼續保障子女教育水準、維護家族企業的持續經營是受訪者在家族財富管理需求中最為關注的兩個話題[②]。由於家族信託在國內還處於剛剛起步階段，因此約有80%的高淨值受訪客戶對家族信託和家族辦公室並不

[①] 民生銀行、胡潤百富《2014-2015中國超高淨值人群需求調研報告》[R/OL]. http://www.hurun.net.

[②] 興業銀行、BCG. 中國私人銀行2015：千帆競渡、御風而行[R/OL]. http://www.bcg.com

瞭解，但 80%左右客戶有意願進一步瞭解該類業務。

4. 高淨值客戶金融資產配置需求旺盛

根據諾亞控股調研顯示，高淨值人士普遍加大金融資產的配置比重，並且更加強調資產配置的跨區域、跨幣種、跨週期和跨類別等多元化屬性。目前近 85%的高淨值人士已經將私募股權基金納入其資產投資配置的範圍，而且其中近 1/4 的人士配置比例超過 30%，少數人士的配置比例甚至達到一半以上，如圖 4-8 所示。從未來的資產配置計劃上，調查顯示高淨值人士對於私募股權類資產和海外資產的配置需求依然旺盛，股票類資產和固定收益類金融資產的需求也在上升，但是對投資持有房地產類資產則逐步變為中性。

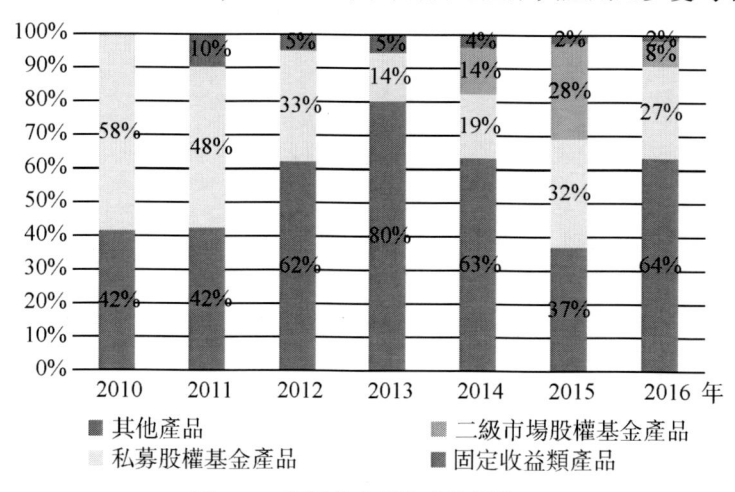

年份	固定收益類產品	私募股權基金產品	二級市場股權基金產品	其他產品
2010	42%	58%		
2011	42%	48%		10%
2012	62%	33%		5%
2013	80%	14%		5%
2014	63%	19%	14%	4%
2015	37%	32%	28%	2%
2016	64%	27%	8%	2%

圖 4-8　高淨值客戶資產配置情況

數據來源：諾亞控股①

5. 資產配置全球化需求興起

許多高淨值人士已經完成了海外資產的轉移，更多客戶表示有意願在新環境下進行海外市場的投資。據 BCG 調查顯示，國內已經有 42%的客戶進行過海外財富管理。客戶對於投資領域的多元化需求推動了海外財富管理服務的發展。高淨值人群也更加關注海外資產的長期投資趨勢；中國香港地區、美國和加拿大是高淨值人群最偏好的投資市場，這在很大程度上與高淨值人群的家族移民、子女教育等需求緊密相關。

---

① 諾亞控股. 諾亞 2017 高端財富白皮書［R/OL］. http://www.noahgroup.com

4.2 中國資產管理機構的產品與投資配置特徵分析

近年來隨著中國資產管理市場的蓬勃發展，從事資產管理服務的機構類型和數量都呈現快速發展態勢。

4.2.1 資產管理機構的類型豐富

從持有金融牌照和接受金融監管部門不同的差異角度，可以分為三大類：一類是由原中國銀監會監管的資產管理機構，包括信託公司和開展理財業務的商業銀行，在 2016 年末機構數量分別為 68 家和 4398 家；第二類是由中國證監會監管的機構，包括從事公募基金、專戶理財的基金公司，開展特定客戶資產管理業務的基金子公司，開展資產管理業務的證券公司、期貨公司，以及由基金業協會備案管理的私募基金，機構類型較多，2016 年末從數量來看分別為 108 家、79 家、129 家、150 家以及 16306 家；第三類是由原中國保監會監管的保險資產管理公司，到 2016 年年末為 36 家，如表 4-1 所示。除以上持有金融許可證的機構外，市場上還有許多未納入金融監管的第三方理財機構、新興互聯網金融機構等也提供資產管理業務。

表 4-1　　　　　　中國資產管理機構基本情況　　　　　　單位：家

類型 年份	銀行	信託公司	證券公司	基金公司	基金子公司	期貨公司	私募基金	保險資管公司
2015 年	4261	68	125	100	71	150	25000	21
2016 年	4398	68	129	108	79	150	16306	36

資料來源：Wind

4.2.2 資產管理市場的規模擴張

經過近 10 年來的快速發展，中國各類資產管理機構累計市場規模 2017 年末達到 119.69 萬億元（未剔除通道等重複計算），其中單一機構管

理規模最大的是銀行理財，規模29.54萬億元，占市場份額的24.7%；其次為信託公司，規模21.91萬億元（資金信託），占市場份額的18.3%；證券公司資產管理業務規模16.88萬億元，市場份額14.1%，排在第三位；而公募基金公司包括管理的公募基金、基金專戶以及通過基金子公司開展的資產管理業務合計規模25.34萬億元，總量占市場份額的21.2%；私募基金規模11.1萬億元，占市場份額的9.3%。具體如表4-2所示。

表4-2　　中國資產管理機構基本情況（截至2017年年末）

子行業	規模（萬億元）	占比
銀行理財	29.54	24.7%
基金管理公司：	25.34	21.2%
——公募基金	11.6	9.7%
——基金專戶	6.43	5.4%
——基金子公司	7.31	6.1%
信託公司（資金信託）	21.91	18.3%
券商資管	16.88	14.1%
保險資管	14.92	12.5%
私募基金	11.1	9.3%
合計	119.69	100.0%

資料來源：銀登中心、中國證券投資基金業協會、信託業協會、保險業協會

4.2.3 資產管理業務和產品繁多

在各類資產管理機構展業和創新推動下，中國資產管理市場上的業務類型和產品已經較為豐富。如銀行資產管理產品包括理財產品和資產管理計劃。理財產品又分為保本理財產品、浮動收益型理財產品和淨值型理財產品。基金管理公司發行並管理公募基金產品，根據投資標的的不同可分為貨幣型基金、股票型基金、債券型基金、混合型基金等；根據是否在證券市場內交易分為場內市場基金和場外市場基金；根據是否允許開放分為開放式基金、封閉式基金等。信託公司按原始信託財產類型分資金信託、動產信託、不動產信託、其他財產權信託、混合信託；按委託人數量區分

有單一信託和集合信託等產品。證券公司資管業務和產品包括定向資產管理計劃、集合資產管理計劃、專項資產管理計劃。保險資產管理公司除了受託管理保險資金外，目前也推出了債權投資計劃、不動產投資計劃和項目資產支持計劃等資管產品，部分機構獲批開展面向第三方的公募基金業務。私募基金按照目前基金業協會分類備案的管理規範，分為私募證券基金、私募股權基金、其他類私募基金等。

由於各類資產管理機構接受不同監管部門監管，在業務和產品的基礎法律關係、投資者門檻、資產的投資運用範圍等監管政策方面存在差異，導致了市場分割和混亂。2017年以來，中國開始醞釀資產管理業務的統一監管，並於2018年4月正式發布實施《關於規範金融機構資產管理業務的指導意見》。該制度按照資產管理產品的類型統一監管標準，實行公平的市場准入和監管，努力消除監管套利空間，促進資產管理業務規範發展，中國資產管理市場的格局面臨重塑，對金融業以及信託業都將產生深遠影響。

中國資管機構業務和產品情況如表4-3所示。

表4-3　　　　　　　　中國資產管理機構業務和產品情況

子行業	業務和產品類型
銀行理財	保本預期收益型理財產品、非保本預期收益型理財產品、淨值型理財產品；資產管理計劃
基金管理公司	①按底層資產分為貨幣型基金、股票型基金、債券型基金、混合型基金 ②按交易場所和流動性分為封閉式基金和開放式基金；場內基金和場外基金等
基金子公司	專項資產管理計劃
信託公司	①按原始信託財產類型分資金信託、動產信託、不動產信託、其他財產權信託、混合信託等 ②按委託人數量分單一信託和集合信託
券商資管	定向資產管理計劃、集合資產管理計劃、專項資產管理計劃
保險資管	債權投資計劃、不動產投資計劃和項目資產支持計劃；公募基金業務等
私募基金	私募證券基金、私募股權基金、其他類私募基金

資料來源：根據公開資料整理

4.2.4 資產管理產品配置差異性

從近年來發展趨勢看,中國資產管理行業的產品配置整體資產投向呈多元化發展趨勢,但非標債權資產①依然占比 1/3 以上,在總體投向中處於首位,其次為債券類資產和權益類資產。其中,債券投資規模最大的機構為銀行理財;非標資產投資規模最大的機構為券商資管,其次為信託和基金子公司等。如圖 4-9 所示。這一資產配置機構與全球資產管理市場呈現較大差異,充分反應出中國資產管理市場尚處於發展初級階段。

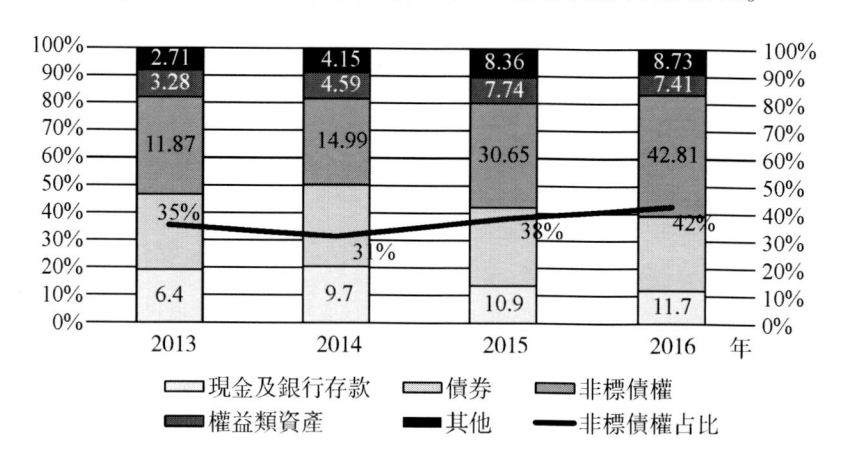

年份	現金及銀行存款	債券	非標債權	權益類資產	其他	非標債權占比
2013	6.4	11.87	3.28	2.71		35%
2014	9.7	14.99	4.59	4.15		31%
2015	10.9	30.65	7.74	8.36		38%
2016	11.7	42.81	7.41	8.73		42%

圖 4-9 中國資產管理行業投向分佈

數據來源:銀登中心、中國證券投資基金業協會、信託業協會、保險業協會等數據整理

在全球資管市場上,雖然主動管理型股票、債券標準化資產配置比例呈現逐步下降態勢,但總體占比仍保持 60% 以上;其次為被動管理型的標準化資產配置,近年來比例穩步提升,2016 年接近 18%;而涉及非標資產

---

① 非標準債權資產,是相對於標準化金融資產來講的、並非嚴格的金融術語,最先由銀監會在監管文件中提出。2013 年 3 月 27 日銀監會下發的《關於規範商業銀行理財業務投資運作有關問題的通知》(銀監發〔2013〕8 號,以下簡稱「8 號文」)中,首次對「非標準化債權資產」明確定義:指未在銀行間市場及證券交易所市場交易的債權性資產,包括但不限於信貸資產、信託貸款、委託債權、承兌匯票、信用證、應收帳款、各類受(收)益權、帶回購條款的股權型融資等。非標資產與標準化資產相比,呈現出透明度低、形式靈活、流動性差、收益相對較高等特點。

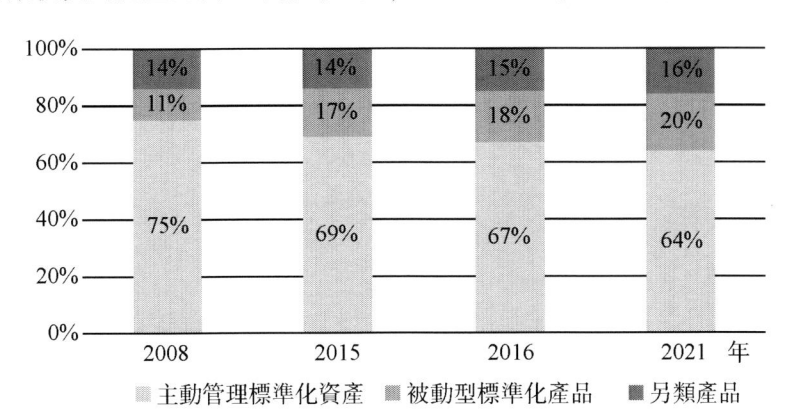

等另類投資的配置比例基本保持穩定，在 15% 左右。具體如圖 4-10 所示。

图 4-10　全球資產管理市場配置分佈情況

數據來源：BCG

4.3　目前中國家族信託業務發展和競爭

經過近幾年的不斷探索，中國家族信託市場已取得了一定發展。2006年，中信信託推出了「銀杖私人理財」業務，在提供除財產保值增值等信託服務外，還嘗試提供生前信託、遺囑信託、合理避稅等特定目的的信託服務，可視為中國信託行業對家族信託的探索萌芽。2012 年平安信託設立「平安信託‧鴻承世家單一萬全資金信託」，成為行業首單落地的家族信託產品。

4.3.1　家族信託市場發展概況

根據北京銀行課題組統計，截至 2016 年，國內已有 22 家信託機構和 14 家商業銀行參與家族信託業務，家族信託規模約為 441.84 億元，以此為基準展望 2020 年，家族信託業務規模保守規模可達 1640.5 億元，如圖 4-11 所示。當前信託公司開展家族信託業務的情況如表 4-4 所示。報告還

同時強調，客戶關係的主導權、信託方案的設計能力、資產配置的實施水準是當前國內家族信託業務發展的三大核心要素。此外，目前市場上已經設立的家族辦公室有 40~50 家，主要集中在信託公司、銀行以及財富管理公司等第三方機構①。

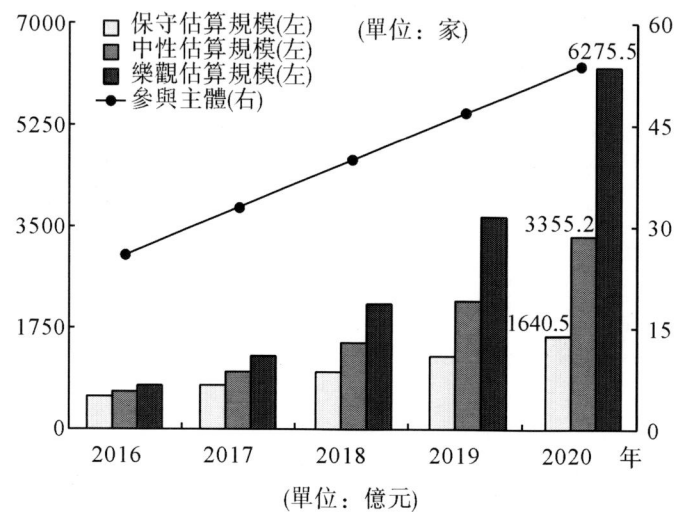

圖 4-11　家族信託市場規模測算

數據來源：《中國家族信託行業發展報告 2016》

表 4-4　　信託公司和銀行開展家族信託相關業務情況

機構類型＼年份	2013	2014	2015	2016
	8 家	15 家	20 家	22 家
信託公司	8 家（中信信託、平安信託、北京信託、外貿信託、興業信託、四川信託、萬向信託、上海信託）	新增 7 家（中融信託、建信信託、紫金信託、長安信託、華澳信託、山東信託、陝西信託）	新增 5 家（渤海信託、華鑫信託、交銀信託、金谷信託、中航信託）	新增 2 家（華寶信託、新時代信託）

---

① 北京銀行. 中國家族信託行業發展報告 2016.

表4-4(續)

機構類型＼年份	2013	2014	2015	2016
	4家	9家	11家	14家
銀行	4家（平安銀行、招商銀行、北京銀行、民生銀行）	新增5家（建設銀行、交通銀行、中國銀行、農業銀行、興業銀行）	新增2家（浦發銀行、中信銀行）	新增3家（光大銀行、工商銀行、上海銀行）

資料來源：《中國家族信託行業發展報告2016》

4.3.2 家族信託市場競爭分析

目前在中國正在興起的家族財富管理市場中，除信託公司的家族信託業務和產品以外，還有商業銀行私人銀行部、家族辦公室等機構提供相關服務，雖然各類機構的業務服務特色和屬性上各有側重，但在很大程度上形成了較強的競合關係。

1. 商業銀行私人銀行業務

私人銀行業務是商業銀行中針對高淨值客戶或家庭提供的綜合化金融服務類型，在銀行業務結構中的地位和重要性不斷上升。與信託公司的家族信託業務相比，商業銀行私人銀行部門所提供的家族財富管理業務具有其特別優勢，一是良好的客戶基礎，在品牌信任度、渠道、服務方式、增值服務類型等方面更具綜合化優勢；二是雖然受限於現有分業經營的法律框架，銀行私人銀行無法擔任家族信託的受託機構，因此更多情況下在引入信託架構安排時需要與信託公司進行合作，但其在家族客戶的資產全方位配置、管理等方面發揮更加主動、積極的作用；三是商業銀行依託其良好的平臺、網絡、客戶優勢，在資產配置產品、服務體系的搭建，能力和團隊建設等方面處於市場領先水準，部分領先機構不斷拓寬私人銀行業務的服務廣度和深度，已經能夠提供從投資、融資、顧問、增值服務等「一站式」家族服務。綜合來看，商業銀行私人銀行在家族財富管理市場中占據著主導地位。

2. 家族辦公室

家族辦公室在國外已經有相當成熟的實踐，但在國內市場則是最近幾年才剛剛出現的，總體仍然處於起步階段。目前部分領先的信託公司在其家族信託業務戰略佈局中，嘗試搭建家族辦公室，專門針對部分超高淨值的客戶（3000萬元以上）提供個性化、專業化、定制化、貼身性的家族財富管理服務，其服務的產品不僅僅局限於家族信託，而是針對特定的客戶或其家族提供不僅涉及家族財產的管理、傳承、分配、保護等服務，而且通過搭建專門的財務、法律、稅務等專業團隊，為客戶提供包括家族治理、財富規劃、稅務籌劃、慈善等各類家族事務。除信託公司、銀行等金融機構針對其超高淨值客戶設立家族辦公室的服務外，市場上還有部分律師事務所等專業仲介服務機構發起設立的家族辦公室，以及由家族企業的核心成員創辦的家族辦公室（多數設置在境外）。綜合比較來看，家族辦公室還屬於較新鮮的事物，許多機構並未擺脫個人或家庭理財、金融產品銷售的格局，家族辦公室這一家族財富管理形式的獨特性優勢尚未得到充分發揮。

5 信託公司家族信託業務模式及實踐

2012年以來，陸續有信託公司推出家族信託創新產品，開始探索和開展家族信託業務。經過近幾年的不斷摸索和實踐，信託公司依託各自的資源稟賦和合作機構等，初步形成了各具特色的家族信託業務模式。

5.1 信託公司主導模式及實踐

5.1.1 基本特徵

信託公司主導模式是指在家族信託業務開展過程中，信託公司主導客戶拓展、方案設計和產品管理服務等關鍵環節。其主要體現在以下幾個維度：一是客戶導入和開拓上，以信託公司直銷客戶為主，自主開發家族信託客戶，與客戶溝通需求，進行客戶維護，等等；二是產品方案設計上，由信託公司自主進行家族信託產品方案的設計、信託合同擬定等；三是資產投資管理上，信託公司有專門的投資管理團隊，負責對家族信託客戶所交付的信託財產進行積極管理，涉及資產配置、投資組合、風險管理和績效評價等；四是家族事務處理上，以信託公司為主，根據家族信託委託人要求和信託文件約定，開展多元化的財富分配，進行公益慈善，提供家族治理等綜合性事務處理。

5.1.2 實踐案例

1. 平安信託

平安信託家族信託業務一直走在行業的創新前列,自2012年在國內率先成立首單家族信託產品以來,公司又先後發起了國內首單純公益性質的家族信託,並在2015年設立首單以委託人家族辦公室為核心的家族信託,家族信託產品功能不斷豐富①。

（1）產品體系。平安信託「鴻承世家」系列家族信託分為鴻福（保險金信託）、鴻睿（定制型家族信託）、鴻晟（專享型家族信託）、鴻圖（家族辦公室家族信託）四大系列產品,致力於為不同需求的高淨值客戶提供家族信託服務。

①鴻福系列家族信託產品。產品起點門檻為100萬元,是由平安信託與平安人壽聯合推出的保險金信託,產品標準化設計,降低起點門檻,進行標準化運作,能夠實現家族信託客群的有效擴張。

②鴻睿系列家族信託產品。產品起點門檻為1000萬元,屬於相對簡單的定制型家族信託。平安信託可以接受客戶交付的現金、保單相關權利、金融產品等資產類別,依據信託合同約定進行財產的投資管理、處分,進行信託利益分配。該類家族信託產品的信託受益人一般限制在8個以內,且受益人既可以是自然人主體,也可以將公益基金會或慈善信託作為受益人,以滿足委託人的社會公益性需求。

③鴻晟系列家族信託產品。產品起點門檻為3000萬元,屬於面向超高淨值客戶的專享型家族信託。客戶交付的信託資產類別更加多元化；信託的資產配置管理、收益分配等可以充分按照客戶的意願進行設計；受益人個數和類型更加靈活。

④鴻圖系列家族信託產品。產品起點門檻為1億元,屬於家族辦公室模式的家族信託。由於這一規模水準的委託人通常會自主設立家族辦公室,進行家族事務管理以及資產配置、利益分配等職能,平安信託主要提

---

① 胡萍. 家族信託影響力逐漸擴大 [N]. 金融時報, 2017-8-21.

供信託架構服務，發揮信託在資產隔離、家族企業治理、財富傳承和保全等方面的功能，更接近國際上成熟意義的家族信託業務。

（2）資產配置。平安信託家族信託產品的資產配置採取專業化團隊管理，通過平臺化運作模式，按照「四合一」、「三七開」和「二八開」等方式進行①。其中「四合一」是指基礎資產類型，按物業基建、資本市場、海外投資、債權資產等資產各 1/4 進行配置；「三七開」是指配置資產的來源，按照 70% 投資於平安信託自己的產品、30% 配置其他機構的產品；「二八開」是指家族信託產品的投資委託模式，其中 20% 採取全權委託方式，80% 採取部分委託方式。

（3）產品示例。以「平安財富·鴻承世家系列單一萬全資金信託」這一業內首單家族信託產品為例，交易結構如圖 5-1 所示。

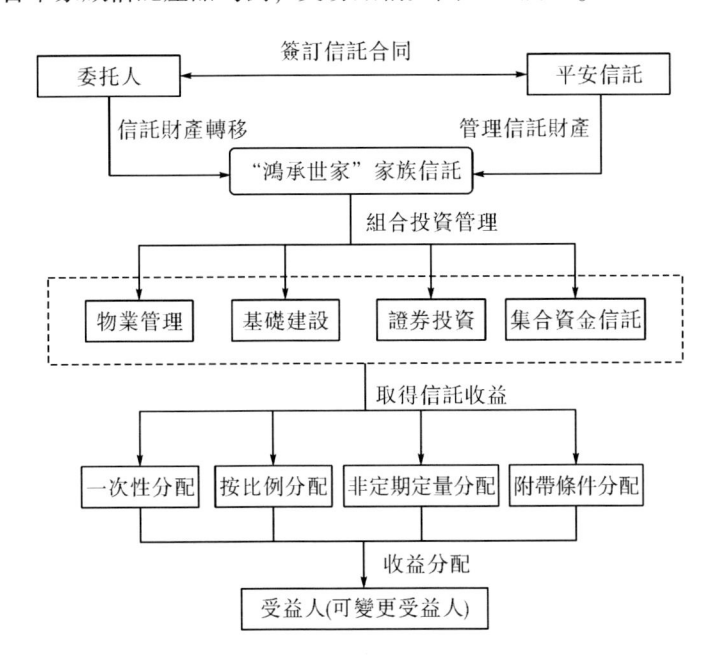

圖 5-1　平安財富·鴻承世家系列單一萬全資金信託產品運作模式

資料來源：同業調研

產品主要特點有：一是為可撤銷信託，委託人與受託人共同管理信託財

---

① 家族信託機構市場羽翼豐滿　功能瞄準五大方向 [EB]. 和訊網，2016-12-22.

產，未放棄對信託財產的控制權，無法實現破產隔離；二是資產配置以委託人為主，根據委託人實際情況和風險偏好來調整資產配置方式、策略，主要投向物業、基建、證券和信託計劃等基礎資產；三是信託收益分配，合同設計了一次性分配、按比例分配、非定期定量分配、附帶條件分配等靈活形式[①]；四是信託報酬與資產收益掛勾，除按信託資金的1%收取固定管理費年費外，還對年信託收益率高於4.5%以上的部分，收取50%的浮動管理費，資產主動投資特性較為明顯；五是信息披露比較充分，受託人會定期或不定期將信託財產運作情況與委託人/受益人溝通，在作出重大決策前也會充分徵詢委託人意願，如委託人去世，則根據相關協議條款或法律執行信託。

2. 中信信託

（1）產品類型。中信信託的家族信託分為定制化和標準化產品，如圖5-2所示。標準化家族信託的方案採用標準化設計，適用於具有特定需求類型的家族信託客戶。該類產品設立起點600萬元以上，信託期限為無固定期限，適用標準信託合同模板，標準化家族信託產品包括傳世系列、子女教育信託、養老家族信託及其他系列。定制化家族信託設立起點3000萬元，信託期限10年以上，可以依據客戶個性化的財富需求量身定制相應的家族信託方案，包括信託實現的功能/目的定制化，信託架構/角色設置定制化，分配方案定制化，投資方案定制化，信託合同內容及條款定制化，等等。

中信信託·家族信託

定制化 ← → 標準化

定制化家族信託：
➢ 設立起點：3000萬元
➢ 信託期限：10年以上
➢ 應客戶要求，量身定制

標準化家族信託：
➢ 設立起點：600萬元
➢ 信託期限：無固定期限
➢ 適用標準信託合同模板

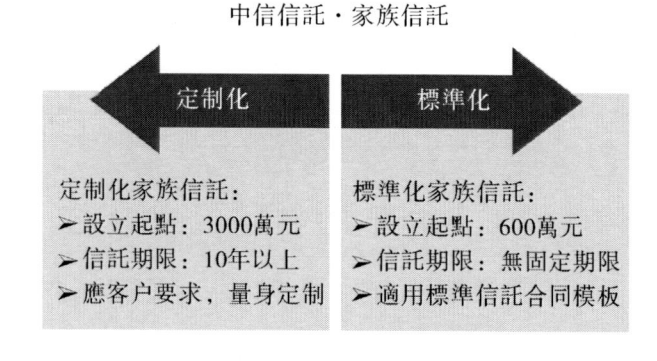

圖5-2 中信信託家族信託產品示意

資料來源：同業調研

---

① 劉向東. 中國式家族信託業務模式比較[J]. 當代金融家，2015（5）：84-87.

（2）設立流程。其中：標準化家族信託的設立流程為：（a）意向確認，簽署《家族信託服務意向確認書》《保密協議》；（b）盡職調查，與客戶訪談確定標準信託合同中需填寫內容；（c）信託成立準備，申請信託合同編號，履行其他必要報告程序（如有）；（d）信託成立，簽署信託合同，開立信託財產保管專戶，交付委託的信託財產，宣告信託成立。

定制化家族信託在意向確認後，即進入差別化設計流程：（a）信託方案設計，填寫《家族信託設立問卷》《家族信託投資偏好問卷表》，設計信託方案；（b）意向確認，基於前期訪談及客戶確定的信託方案，進行委託人、受益人、監察人（如有）等盡職調查；（c）項目立項，起草信託合同，選擇保管銀行，提交申請項目實施報文；（d）信託成立，簽署信託合同，開立信託財產保管專戶，交付委託的信託財產，宣告信託成立。

3. 上海信託

上海信託於2013年正式成立家族管理辦公室專業團隊，同時成立公司首單家族信託產品——「上海信託·信睿尊享財富管理信託」。此後上海信託加快家族信託業務佈局，將原受託境外理財（QDII）國際業務、財富中心等相關團隊和業務進行了整合，成立信睿家族信託辦公室，搭建海外業務和平臺佈局，致力於為客戶提供全球化的財富傳承、配置服務。公司通過信睿俱樂部方式，對客戶提供生活、子女教育、旅遊等高品質服務，提高家族信託客戶黏性。

（1）產品系列。主要分為三類，如圖5-3所示。①睿享世家—家族信託系列，可遵照委託人的意願，全面有效地定制個性化方案，實現資產保值增值，提前籌劃稅務安排，解決財富傳承問題，實現客戶全生命週期的分配方案。該產品共有四類分配方式：受益人學業鼓勵，婚姻生育祝福，創業支持，養老意外防護。②睿享世家—傳世系列（保險金信託），以人壽保單或年金保單作為信託財產，由委託人與信託機構簽訂保險金信託合同，當被保險人身故並發生保險金賠付時，由受託人依據信託合同對保險金進行管理、運用，向信託受益人分配信託利益。③家族慈善—上善系列，滿足家族信託客戶的公益慈善需求，協同業務開發。總體來講，公司對委託金額1000萬元以上客戶進行個性化定制，但不增加非標準化的服

務，盡可能貼合需求；而 1 億元以上客戶則引入律師等綜合服務團隊，提供個性化服務。

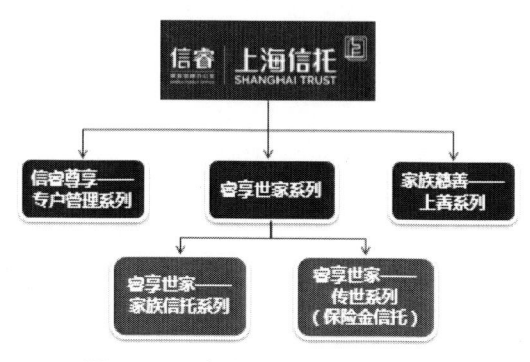

圖 5-3　上海信託家族信託產品系列

資料來源：同業調研

（2）投資管理。公司與家族信託客戶每年簽訂投資意願書，包括確定投資偏好，控制投資配置不同資產的比例；內部宏觀資產配置委員會制訂月度配置方案，篩選合適的資產管理或金融產品提交風險控制委員會確定後入庫，投資經理在入庫產品範圍內進行投資選擇。每個客戶的投資方案不盡相同，重點要考量客戶的未來現金流支出需求。目前基礎投資產品的來源上，固定收益產品投向以上海信託自己管理的產品為主，權益類產品以外部採購為主。

（3）海外家族信託業務佈局。目前已初步搭建起海外家族信託業務的平臺架構，在中國香港地區成立上信香港控股有限公司和上信信託有限公司，還在新加坡、盧森堡等地設立平臺，組建專業團隊，開展離岸信託業務，提高全球資產管理和服務能力。

3. 中融信託

中融信託家族辦公室是中融財富家族信託的業務部門，主要由法律、稅務、資管等專業人員組建，拓展標準化和系列定制化家族信託產品，為實現客戶提供跨境財富保護和傳承的一站式服務。

（1）產品體系。①資產保全信託，實現企業資產與家族財富隔離，避免企業財務危機、創業危機波及到家族基本生活的保障；進行債務阻斷，通過資產選擇和結構設計，最大限度阻斷委託人、受益人、債權人對信託

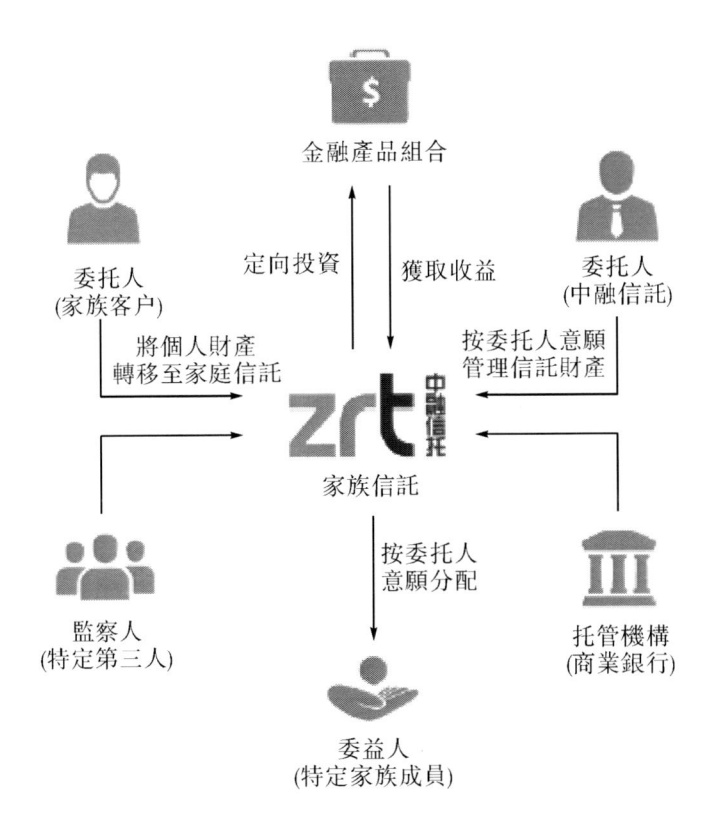

图 5-4　中融信託「承裔澤業」家族信託產品結構示意

資料來源：同業調研

財產的追索。②子女成長分配信託，滿足子女成長階段相關需求（如求學、醫療、旅遊等）的專項資金管理。父母保留一定的控制權，通過調整信託利益分配、變更受益人等可以起到督促子女成長成才的作用。③退休安養信託，通過信託財產進行長期資產管理，為委託人累積退休在世資金並按需分配，避免財產在委託人生前遭受子女或親友不當之侵占。委託人身後財富定向傳承給指定的家族受益人或慈善機構。④婚姻財產保護信託，防範家族成員婚姻失敗引發的財產外流，最大程度將信託財產與婚後夫妻共同財產隔離，避免與配偶財產的混同。⑤藝術品（收藏品）傳承信託，確保藝術品、收藏品有效傳承於後代，避免子女保管負擔過重，解決藝術品投資的相關問題。⑥保險金信託，解決保險給付後大額資產管理及有效傳承問題。⑦家族其他指定成員保障信託，避免直接給付家族成員金

錢產生的其他額外問題。⑧移民前財產隔離信託，實現暫不轉移的資金享有投資機會及合理收益，減少財產申報負擔。

表 5-1　　　　中融信託「承裔澤業」家族信託產品要素

信託要素	具體安排
信託類型	全權委託、部分委託、委託人指令
信託目的	受託人專業資產管理，幫助客戶實現財產傳承；根據信託文件約定對受益人信託利益靈活分配，滿足受益人養老、創業、教育等需求；家族企業治理需求；法律允許範圍內的財產保護等
信託當事人	委託人：家族信託設立申請人 受託人：中融信託 受益人：由委託人指定 監察人、保護人：由委託人指定
定制設計	信託目的、期限、信託受益人、權利歸屬人、信託受益權、信託利益分配、信託財產管理方式等均可按需設計
受託資產類型	3000 萬元起或等值財產
信託期限	5+5 年以上
信託收益分配	根據委託人需要靈活設置，委託人可選擇定期分配、不定期分配、按條件分配或按固定比例分配
投資範圍	金融產品投資、股權投資、實務資產投資，根據委託人確認的投資範圍進行組合投資
信託報酬	固定信託報酬 1%，超過業績比較基準部分的 20% 起
家族信託客戶專享	中融信託資產優先處置權、配置價格優享權

資料來源：同業調研

5.2　信託公司合作模式及實踐

5.2.1　基本特徵

信託公司通過與銀行、保險公司等機構進行合作，在家族信託客戶開拓和維護、產品方案設計、投資管理、資產配置、家族事務處理，以及一

體化綜合解決方案設計提供等方面深度合作，以充分發揮不同機構的優勢資源，彌補自身的短板，為家族客戶提供高質量、專業化服務。具體包括以下兩種模式。

1. 「銀行+信託」合作模式

銀行私人銀行部門具備客戶優勢和渠道優勢，且能夠為客戶提供風險評級、理財諮詢、資產配置等綜合化服務，但是在現有分業監管、分業經營格局下，無法為客戶直接提供信託架構安排，需要引入信託公司搭建信託架構。但從整個家族信託產品運作來看，銀行在前端的客戶開拓、盡職調查、需求甄別和產品方案方面，以及在信託財產的投資管理、家族事務處理等方面，都具有絕對主導地位，信託公司在此類模式中往往處於較為被動的地位，在一定程度上類似於「通道」作用。

當然，近年來信託公司已經累積和鍛煉出一定的跨資本市場的運作能力和定制化設計能力，在非標資產等特定資產投資領域形成了市場領先能力，因此在與銀行合作開展的家族信託業務中，可以在提升客戶信託資產的配置範圍、分散投資風險、促進信託財產保值增值等方面發揮重要作用，與銀行的業務合作深度和承擔的角色也會不斷深化。

2. 「保險+信託」合作模式

最典型的合作模式就是保險金信託（也稱人壽保險信託），將保險產品與信託結合，保險投保人作為信託的委託人，信託公司簽署家族信託合同，以其持有保單在未來獲得的保險賠償金作為信託財產，在發生賠付後直接進入信託，並由信託公司按信託合同約定進行財產的管理、運用、處分；通過投保人事前指定信託的受益人，來實現對財富傳承的靈活性安排。根據信託公司在保險金信託產品設立、存續過程中參與深度和行為的不同，大致可以分為被動保險金信託、不代付保費的保險金信託、代付保費的保險金信託和累積保險信託等[①]。

---

① 趙鵬. 信託制度在家族財富傳承中的運用研究 [D]. 北京：中國人民大學，2013.

5.2.2 實踐案例

1. 外貿信託

外貿信託設置專業團隊開展家族信託業務。2013年與招商銀行私人銀行部合作提出首單家族信託產品；2014年開始研究並推出保險金信託；2015年推出類慈善信託、上市公司股權家族信託、養老信託等。2016年在業務規模不斷增長的基礎上，完善中後臺營運管理，開發家族信託業務信息系統，為業務營運管理提供了保障。

（1）業務模式。外貿信託的家族信託業務模式根據客戶來源不同，分為渠道客戶業務模式和直銷客戶業務模式。在渠道客戶合作方面，公司根據投資產品和資產管理的資源情況又分為合作機構自主產品供應模式和外貿信託自主產品供應模式。在投資政策、投資決策過程中，由合作機構、外貿信託建立緊密的溝通機制進行管理。在直銷客戶家族信託方面，直銷客戶市場拓展由其他部門負責，專職家族信託業務的家族財富管理部不負責直銷客戶的行銷工作，以便與其服務的渠道客戶關心的客戶資源利益相隔離。

（2）產品示例。外貿信託與招商銀行私人銀行部合作，推出「財富傳承」系列家族信託，產品交易結構如圖5-5所示。該產品主要特點有：一是為不可撤銷信託，信託資產脫離委託人實際控制，希望達到資產隔離的效果，二是產品期限較長，通常合同約定為30~50年，受益人主要為其子女，目的是實現財產的跨代傳承安排；三是信託財產主要為現金資產，產品門檻為5000萬元；四是主動投資管理，銀行和信託公司對信託財產進行積極投資，除固定年費外，對超出委託人預期收益部分銀行與信託公司收取部分超額管理費；五是銀行起主導作用，招商銀行承擔財務顧問與託管角色。

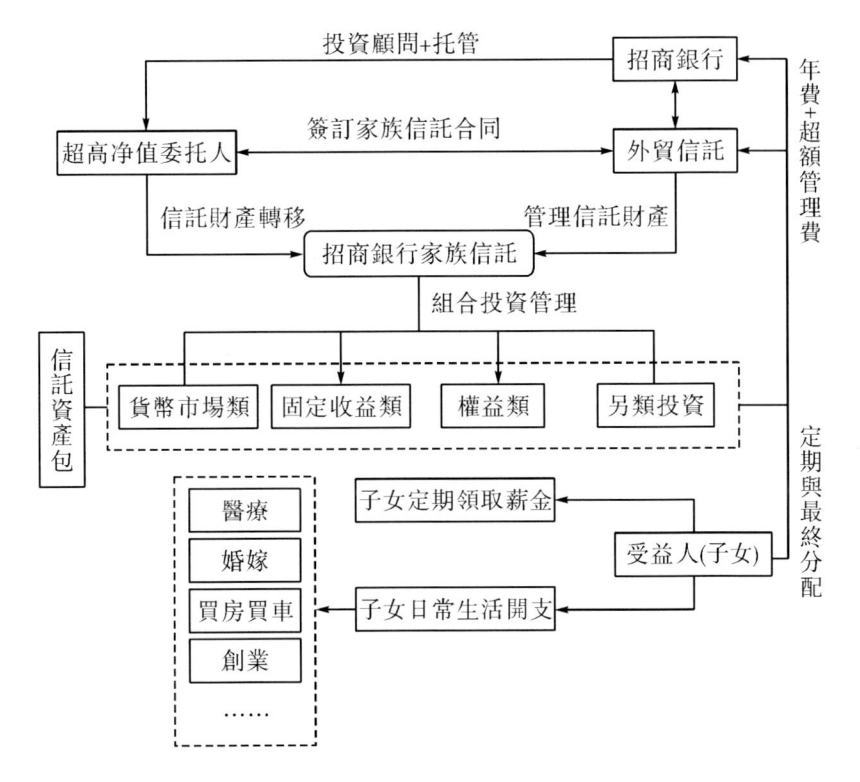

圖 5-5　外貿信託「財富傳承」家族信託產品運作模式

資料來源：同業調研

2. 北京信託

（1）業務模式。北京信託設置專門的家族信託業務團隊展業，主要與北京銀行私行中心進行緊密合作，共同開拓家族信託客戶和業務。2013年聯合推出「家業恒昌」系列單一資金型家族信託，北京銀行擔任財務顧問，並為受益人提供增值性服務。客戶以上市公司大股東、銀行高端客戶、私營業主為主。北京信託還推出了財富傳承類信託，如房產管理型家族信託服務，通過信託計劃及中間架構購買委託人自主持有的多套房產，並且通過指定受益人範圍規避子女婚姻的風險。此外還同中荷人壽合作開展保險金信託。

（2）業務流程。①在前期重點瞭解委託人設立家族信託的初衷及需求；委託人擬交付的信託財產、投資風險偏好及信託利益分配原則；受益

人信息等，為委託人提供定制化家族信託方案。②在設立階段，受託人起草個性化信託文件，委託人、受託人、保護人等簽署信託文件；交付信託財產。③營運管理階段，根據信託文件訂立的投資原則向委託人推薦投資項目，管理運用信託財產，向受益人進行信託利益分配。

（3）產品示例。以「家業恒昌」系列家族信託為例，根據委託人的需求量身打造，基本交易結構和產品要素如圖5-6、表5-2所示。產品的主要特點有：一是單一資金信託，客戶交付現金資產，首期比例不低於3000萬元；二是永續家族信託，信託合同期限可以根據客戶需求靈活設定；三是主動投資管理，受託人按照委託人的投資指令運用信託資金，投資貨幣市場類、固定收益類、權益類、另類投資等四類資產，實現資產的保值增值；四是銀行發揮重要作用，北京銀行擔任財務顧問，除進行客戶的推介外，還參與信託的投資運作，為受益人提供綜合化的非金融性高端服務。

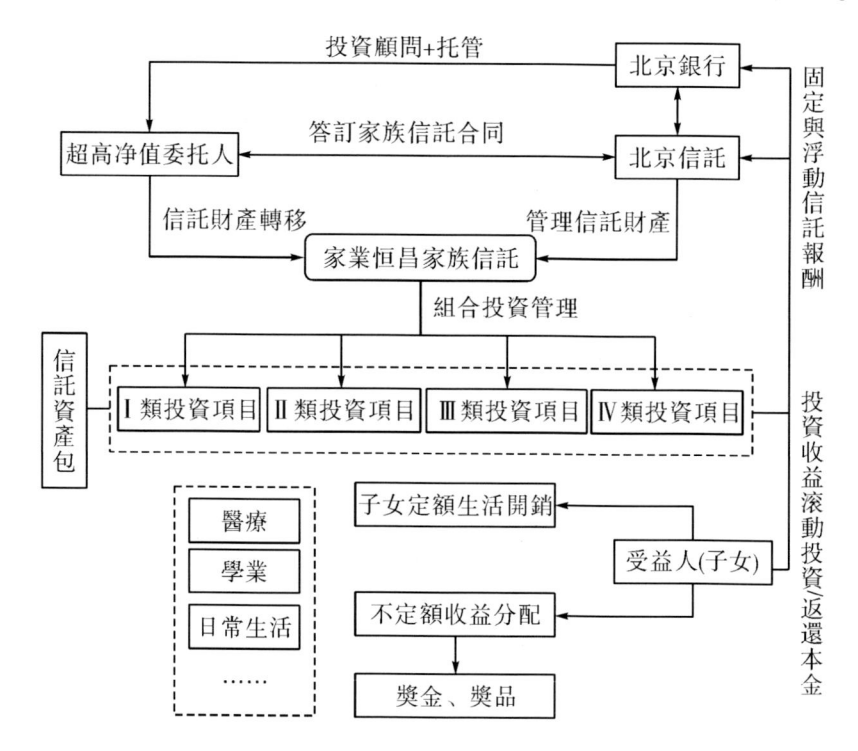

圖5-6　北京信託「家業恒昌」系列家族信託產品運作模式

資料來源：同業調研

表 5-2　　　　　　　北京信託「家業恒昌」家族信託產品要素

信託要素	具體安排
信託當事人	委託人：家族信託設立申請人 受託人：北京信託 財務顧問：北京銀行 受益人：由委託人指定 保護人：由委託人指定，當委託人喪失民事行為能力時，由保護人代委託人行使權利
受託資產類型	首期不低於 3000 萬元現金資產，後續可不定期持續追加信託資金
存續期限	委託人可設立永續家族信託，亦可根據個人情況設立固定信託期限，信託到期，經委託人或受益人同意後，可延長信託期限
信託收益分配	信託收益分配頻率：信託收益可分為定期分配及不定期分配。 定期信託收益分配：每年的固定時點進行一次收益分配，可根據委託人訂立的原則，向受益人分配部分或全部信託財產收益，剩餘信託收益繼續滾動投資。可根據子女受益人成長過程中所處不同階段需求設定不同收益分配比例。 不定期信託收益分配：可根據委託人訂立的原則，在滿足分配或支付條件的情況下，隨時進行信託財產分配及相關費用支付
投資範圍	I 類投資項目：銀行同業存款、現金管理型銀行理財產品（理財計劃）、貨幣市場基金等期限短、低風險產品。 II 類投資項目：除現金管理型之外的銀行理財產品、債券基金；證券基金管理公司發行的特定資產管理業務、專戶資產管理業務產品、分級基金；證券公司集合資產管理計劃、定向資產管理計劃、專項資產管理計劃；證券公司、基金管理公司以及信託公司 QDII 產品；集合資金信託計劃（包括受託人發行的信託計劃）等金融監管部門批准或備案發行的金融產品或認可的其他投資品種。 III 類投資項目：有充足抵/質押物擔保的債權融資，項目（股權）優先收益權投資，可轉換債權投/融資類項目等。 IV 類投資項目：委託人認可的管理機構發起的股權投資基金及其他符合監管要求的投資類別
投資比例限制	委託人可根據自身風險承受能力及對信託收益的預期決定投資於不同類項目的投資比例
投資決策	委託人以投資指令方式確定投資標的，受託人按照投資指令約定進行資產管理
信託報酬	固定信託報酬+超過基準收益部分的浮動信託報酬
信息披露	受託人每個自然年度 4 月份，披露信託運作情況及信託財產情況

資料來源：同業調研

3. 建信信託

建信信託市場行銷中心財富管理團隊專門從事家族信託業務。自 2012 年開始展業，存續規模上百億元。目標客戶構成主要是家庭可投資資產

5000萬元以上的自然人客戶，多由銀行推薦及公司自行銷售。費率結構原則上按照實收信託資金的0.5%~1%收取信託管理費，其中信託管理費的50%用於向銀行支付顧問費用。

（1）業務模式。產品主要為單一資金型家族信託，門檻5000萬元以上，由受託人根據合同的約定，通過資產配置及組合投資實現財富管理目標，並滿足客戶財富傳承、財富分配、教育基金管理等事務類需求。目前也在探討股權收益權的財產權信託、保險信託、藝術品投資及家族慈善規劃方面的受託業務，如圖5-7所示。

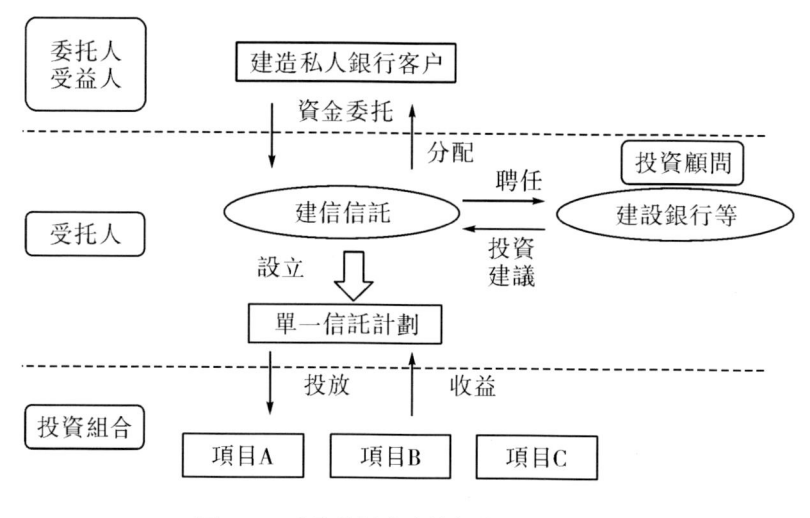

圖5-7　建信信託家族信託產品運作模式

資料來源：同業調研

（2）業務流程。①需求分析與方案設計，建行分行私人銀行部將客戶需求告知建信信託，信託篩選有效需求會同分行私人銀行部設計信託方案；信託、銀行與客戶溝通，完成客戶調查問卷，確定信託規模、期限、投資範圍、事務等要件。②項目申報及審批，分行私人銀行部審批通過後報總行私人銀行部、授信部審批；建信信託市場部啟動信託內部審批流程；完成關聯交易上報；雙方審批通過後進入項目設立環節。③信託計劃設立，建信信託市場部信託經理與客戶面簽信託合同，客戶繳款至信託專戶，宣告信託成立。④投資運用，建信信託市場部根據信託合同約定配置

資產，執行信託事務；閒置資金運用；如建設銀行分行作為投資顧問，則受託人應根據投資顧問的建議進行投資。⑤管理報告及分配。建信信託市場部按季度發送管理報告，按合同約定提取管理費及支付相關費用，根據所投金融產品的分配情況為受益人分配信託收益。

5.3 信託公司家族信託展業特徵和面臨挑戰

5.3.1 展業特徵

信託公司將家族信託業務作為迴歸本源的重要業務方向之一，近年來多家機構積極佈局，並充分發揮專業受託人和跨領域資產配置的功能優勢，結合市場需求和成熟程度，推出基於較低資金門檻的標準型、半標準型家族信託產品（個別機構門檻可低至 100 萬元左右），以及基於較高門檻的個性化、高端家族信託產品（通常 600 萬元或 1000 萬元）。綜合來看，現有信託公司家族信託業務和產品呈現以下特點。

1. 區分「標準化」和「定制化」產品

目前大多數信託公司均按照投資額度劃分為不同類別的家族信託產品。對於投資額度相對較小（設立門檻低於 1000 萬元）的客戶採取標準化家族信託產品，適用標準信託合同模板，設立程序相對簡單、便捷、快速，同時在分配方式及投資方案上具備一定的靈活性。定制化家族信託產品要求的門檻更高，但能夠根據委託人需求進行個性化靈活設計。標準化和定制化產品的區分有利於滿足客戶差異化的需求，為高淨值客戶提供更有針對性的金融服務。

2. 現金財產類家族信託為主

首先，由於國內法律環境、稅收政策方面的障礙以及信託財產登記制度的缺失，造成非現金財產（尤其是股權、房產）的交付產生的交易性稅費成本過高，直接制約客戶的需求。其次非現金類財產的管理或保管難度

較大，對受託人的受託責任要求較高。受託機構在非現金財產的管理上未形成專業管理能力之前，客戶信任度低，付費意識弱。最後信託財產登記制度缺乏操作性規定，缺乏既能維護交易安全，又能保護家族信託當事人隱私的登記制度操作細則。所以目前國內主要以現金財產類家族信託為主，非貨幣財產的家族信託業務開展較少。

3. 信託目的仍以財產的保值增值為主

雖然家族信託主要設立目的是為實現財富傳承，但目前市場上主要還是以現金資產設立的單一資金家族信託為主，委託人將資金全權交給信託公司進行資產配置和投資管理，以財產的保值增值為主要目的。因此，營業信託的屬性特徵更加明顯，離國際成熟市場真正意義上的家族信託還有一定差距。

4. 家族信託投向公司內部產品為主

目前國內家族信託的主要資產投向為各家信託公司的內部產品，部分家族信託配置信託公司內部產品的比重高達90%以上。產品類型較為單一，以固定收益類資產為主，尚未實現各類產品之間的組合投資和資產配置，無法根據客戶的自身情況和不同需求進行量身定制，實際上阻礙了國內家族信託業務的進一步發展和推廣。

5.3.2 面臨的挑戰

1. 專業團隊和能力不匹配

信託公司作為家族信託的受託人，既要為客戶提供與財富保全、保障、傳承、家族治理等家族事務處理服務，體現為民事信託的受託人承擔的義務特徵；同時隨著信託功能積極管理作用的加強，信託公司還需要根據委託人的意願和信託目的，對信託財產進行謹慎有效的投資管理運作，承擔著作為營業信託金融機構的特有義務特徵。雖然中國家族信託市場已經蹣跚起步，但相比於英美等信託發達國家、離岸信託市場等，當前信託公司及銀行等其他一些機構開展的家族信託業務仍存在較大缺陷，主要體現在受託管理的信託財產較為單一、信託規模較小（國外通常3000萬～5000萬元以上）、信託期限較短、信託功能較為單一、產品架構也較為簡

單,遠遠難以滿足家族信託客戶對於財富的保護、管理、傳承等核心需求。目前信託公司累積的業務能力、經驗、團隊等基本集中於單一項目的投融資業務,即私募投資銀行業務,而在信託財產管理功能發揮,提供組合投資、大類資產配置等服務方面淺嘗輒止,在提供較長週期、目標具有多樣化和個性化特點的財富管理服務方面更是存在較大欠缺。

2. 信託法律制度的不完善

中國《信託法》的問世,為引入信託制度、發展信託業務提供了最基礎的法律依據,但是由於立法當時所處的時代背景和對信託制度的認識所限,現有信託法在一些基礎性、根本性問題上的規定存在模糊、分歧,導致信託法律在司法實踐、運用中存在一定困難。例如最為核心的信託財產所有權歸屬問題,中國《信託法》規定中運用了「委託給」這一模糊說法,使得信託財產從信託設立到信託終止這一期間的所有權問題存在一定爭議。從根本上來講,這一爭議來源於英美信託制度普通法上所有權和衡平法上所有權的「雙重所有權」安排,使得信託在大陸法系國家移植時普遍面臨這一難題。為了避免與民法中一物一權、單一所有權制度的直接衝突,信託立法中不得不採取這一變通、模糊的說法。由於信託財產所有權歸屬不明,信託制度獨特的破除隔離、權利靈活重構、可承繼性和穩定性等功能優勢難以充分發揮。而這對於進行大規模、跨代長期限財產安排的家族信託業務來講,問題顯得更為突出,直接制約家族信託的運用空間。

3. 信託的配套制度不健全

信託制度的運用還受制於基礎的配套性法律、登記、稅收等制度,尤其在家族信託市場發展中,還需要密切關注信託制度與民法制度、婚姻、繼承法律,以及商事制度和市場規則的銜接、契合。

首先,中國《信託法》中明確提出了部分財產設立信託須經登記才能生效,但是一直以來信託財產登記問題懸而未決,缺乏辦理信託登記的部門和詳細規範。2017年頒布實施的《信託登記管理辦法》,明確所構建的信託登記制度,並不涉及信託財產登記,信託財產登記制度的缺失極大限制了家族信託的可容納的財產範圍空間,也使得目前開展的家族信託業務中絕大多數以資金信託為主,信託的獨特性並未充分體現。

其次，中國的信託稅收制度依然空白，所有信託行為沿用既有的稅法制度，這導致信託財產在移轉過程中需要承擔過重的稅收負擔，重複納稅問題也十分突出。現代信託制度在歐美、日本等國家能夠迅速發展，功能和運用空間不斷擴大，很大程度上都來源於各國對信託的特殊稅制安排，無論是堅持信託實體論還是信託導管論，都能充分體現信託的特殊性，避免重複性納稅。在中國當前稅制條件下，信託各方在設立、存續、終止等環節針對不同類型的信託財產的取得、處置、變現等涉及的稅收種類繁多、負擔沉重，沉重的交易成本負擔限制了家族信託的運用發展。此外，中國的遺產稅問題尚未明確，因此通過家族信託等方式來規避高額稅負負擔的動力並不明顯。

最後，中國現有的婚姻法、繼承法制度安排使得委託人能夠自主、獨立支配財產的權力受到較大限制，如果處理不當可能引發財產權利的瑕疵，進而對家族信託的穩定性和有效性產生衝擊，這在很大程度上也限制了信託的籌劃空間。

4. 信託文化和理念不成熟

雖然中國歷史上不乏有「白帝城托孤」等信義托付的傳統傳承，但從法理上溯源，信託作為基於衡平法發展起來的一項法律制度，在中國以其他大陸法系國家屬於「舶來品」。由於大陸法系國家在引入信託制度時更多強調其金融價值，更多作為一種金融工具和手段，而忽略了信託在財產傳承、管理和轉移等方面的服務性功能以及社會領域的更廣泛運用。中國《信託法》頒布相對較晚，信託公司作為專門從事營業信託業務的金融機構，發展更是歷經波折，現有產品和服務也是以融資客戶需求為出發點，以募集社會資金、提供投融資服務為核心，直到最近幾年才開始探索以富裕個人客戶的財產管理需求為出發點，通過提供專業資產管理服務為核心來開展家族信託等新的業務。客觀來說，信託公司在滿足家族客戶財富管理個性化、多元化的綜合服務能力方面還存在較大欠缺。尤其是對於作為家族信託受託機構，國內信託公司與國外的家族服務機構往往歷經百餘年的發展歷史相比，差距較大。信託公司現有團隊對於家族信託業務中所需的信託義務的理解認識、專業能力、文化理念還存在較大缺陷。而從市場

角度考慮，中國當前面臨大規模私人財富代際傳承也是前所未有的，創富一代的高淨值人群對於在家族信託過程中放棄財產權的控制十分敏感，對信託的認知和信託機構的信任更需要較長時期的考驗。

6　家族信託產品設計及特殊財產交付創新

　　家族信託業務相比普通的信託投融資類業務，業務邏輯起點並非以資金需求方為主導，而是需要從委託人需求和擬交付的信託財產特點出發，通過規範、高效的交易結構設計，確保委託人合法、確定的財產能夠有效、低成本地移轉到信託中，同時信託方案中還要考慮信託利益的彈性和靈活分配的需要。信託公司作為受託人扮演著極為重要的角色，目前業務剛剛起步，操作經驗比較欠缺，現有法律法規、監管政策以及司法實踐等還缺乏細化指導，對於風險的甄別能力仍需在實踐過程中逐漸提高。

6.1　家族信託的客戶識別與盡職調查

6.1.1　客戶身分識別和盡職調查內涵

　　客戶身分識別（customer identification）以及客戶盡職調查（customer due diligence）概念均出自巴塞爾委員會所制定的巴塞爾協議文件[①]。其中，客戶身分識別是指金融機構在與客戶建立業務聯繫或者與其進行交易

[①] 其中客戶身分識別最早見於巴塞爾委員會 1988 年 12 月制定的《關於防止犯罪分子利用銀行系統用於洗錢的聲明》；而客戶盡職調查則最早見於 2001 年 10 月頒布的《銀行客戶盡職調查》文件。

時，需要通過可靠、獨立來源的文件數據和信息進行客戶身分的識別與核實，在開展業務過程中登記記錄客戶身分等基本信息，不得保留匿名帳戶或明顯以假名開立的帳戶。客戶盡職調查是指金融機構在與客戶建立業務關係或與其進行交易時，應當根據客戶提供的法定有效身分證件或者其他身分證明文件，確認客戶的真實身分。同時，金融機構要瞭解客戶的職業情況或經營背景、交易目的、性質以及資金來源合法性等[①]。客戶身分識別和盡職調查在反洗錢工作中有著至關重要的作用，國際反洗錢金融行動特別工作組（financial action task force on money laundering，FATF）已經將其作為反洗錢國際標準中的預防措施安排。

中國在成為金融行動特別工作組的正式成員後，加快了反洗錢立法，並在法律中明確規定，在中國境內設立的金融機構和應履行反洗錢義務的特定非金融機構，應當「建立健全客戶身分識別制度、客戶身分資料和交易記錄保存制度、大額交易和可疑交易報告制度」[②]。2007年6月，中國央行和金融監管部門聯合發文，進一步健全監管規則，要求金融機構遵循「瞭解你的客戶」的原則，建立健全和執行客戶身分識別制度。其中第三條規定，要針對具有不同洗錢或者恐怖融資風險特徵的客戶、業務關係或者交易，採取相應的措施，瞭解客戶及其交易目的和交易性質、實際控制客戶的自然人和交易的實際受益人情況等。在第十五條專門針對信託公司開展信託業務時，要求「應當核對委託人的有效身分證件或者其他身分證明文件，瞭解信託財產的來源，登記委託人、受益人的身分基本信息，並留存委託人的有效身分證件或者其他身分證明文件的複印件或者影印件」[③]進一步細化了信託業務中進行客戶身分識別和盡職調查的相關要求。

6.1.2　家族信託客戶盡職調查的特殊性

客戶識別和盡職調查意義重大，一旦缺乏有效的實施標準，就很可能

---

① 連永先. 淺析客戶身分識別與客戶盡職調查［J］. 金融發展研究，2015（5）：84-87.
② 《中華人民共和國反洗錢法》，2016年10月頒布實施。
③ 《金融機構客戶身分識別和客戶身分資料及交易記錄保存管理辦法》（中國人民銀行、中國銀行監督管理委員會、中國證券監督管理委員會、中國保險監督管理委員會令〔2007〕第2號），2007年8月1日施行。

導致金融機構面臨操作、法律、信用、聲譽等嚴重風險，給機構造成巨大損失。

1. 客戶識別主體的多元性

對客戶進行識別和盡職調查是各類受託機構等與客戶接觸、開展合作的基本前提。但是，由於目前法律法規主要針對金融機構主體，對其客戶識別和客戶盡職調查提出要求，主要目的在於應對反洗錢等工作的要求。而對於家族信託業務來講，可擔任受託人的機構和主體類型較多，目前在中國既包括信託公司、銀行等金融機構，也可能包括律師事務所、第三方理財機構等非金融機構，甚至還有自然人主體，因此在面對家族信託客戶的識別和盡職調查時，可能面臨的法律和監管規範要求有較大差異。

2. 客戶識別和盡職調查目的不同

現有法律規定主要從反洗錢的目的出發，金融機構主要圍繞客戶的身分和其業務的目的進行信息的收集、驗證，拒絕可疑交易，並通過與執法部門合作，確保「防止銀行系統被犯罪分子用於洗錢目的」；針對高風險帳戶和客戶進行持續監控，當客戶盡職調查等程序遇到阻礙或無法獲得滿意結果時，金融機構應終止交易或業務關係，或考慮出具可疑交易報告。在家族信託情況下，其信託目的主要是委託人實現家族財產的保值增值、有效保護、傳承，因此更多要考量設立信託架構的目的合法性、主體適格性、財產合法和確定性，以及是否存在侵害債權人等其他善意第三人等問題。而且，由於財產類型不僅僅局限於資金，因此反洗錢動因可能只是客戶識別和盡職調查的目的之一。

3. 客戶識別和盡職調查重點存在差異

在家族信託情況下，由於客戶交付的信託財產類型更加豐富多元化，因此除了借鑑傳統金融機構對於客戶身分識別等驗證方法外，更需要關注所信託的財產是否屬於委託人合法擁有；財產的權屬關係是否清晰、有無法律瑕疵；是否屬於法律法規限制甚至禁止流轉的財產類型。由於家族信託的受益人為委託人以外的其他主體，對於委託人進行信託安排時所設定受益人範圍、權利範圍的合理性都需要進一步充分瞭解。因此，從國際實踐看，由於信託關係的複雜性，往往作為進行客戶識別和盡職調查的重點範疇。

6.1.3 家族信託客戶盡職調查的重點

信託公司通過自己的財富中心，或者借助銀行、保險、券商、基金等外部各渠道廣泛開展客戶儲備工作，對吸納來的高淨值人士，安排或指定專門人員為客戶提供「一對一」全方位服務。家族信託潛在需求客戶往往對家庭關係、個人隱私、財富狀況等關鍵信息的私密性要求很高，因此需要指定的專門的財富經理逐步與客戶建立信任關係，以能夠清楚瞭解客戶的家庭財產狀況、家庭成員關係、結構等高度隱私性信息。在客戶有明確進行家族信託安排考慮時，信託公司家族信託團隊組織、協調相關部門對委託人、潛在受益人進行客戶身分識別和盡職調查工作，重點關注委託人身分的適格性、信託目的的合法性、信託財產的確定性和合法性、信託受益人的合法性，等等。同時，通過客戶專屬的財富管理經理協助，採取客戶訪談、書面等形式梳理客戶計劃設立家族信託的資金、財產的類型規模，在信託財產的保值增值、隔離保護、傳承等信託目的方面的安排設想，未來進行子女撫養、老人贍養、資助公益事業等細化的支出需求。

1. 客戶識別和盡職調查一般性要求

巴塞爾委員會2001年10月的《銀行客戶盡職調查》文件中對客戶盡職調查進行了非常系統全面的論述，可作為受託機構開展家族信託時的基本性規範指導。其基本要素包括：一是客戶接納政策。要求金融機構能夠獲取並確認新客戶身分信息，主要業務的目的信息，根據獲取信息的詳盡程度與客戶的業務類型、需求進行匹配；針對高風險客戶要有清晰、明確的客戶接納政策，並進行更加嚴格的盡職調查。二是客戶身分識別。對政治公眾人物以及非面對面客戶盡職調查有特別規定。三是對高風險帳戶的持續監控。應能夠識別偏離正常帳戶行為模式之外的交易，有效控制和降低風險。四是風險管理。強調內部審計和員工培訓。在金融機構內控和風險管理制度方面，應形成動態調整機制。

從中國情況看，雖然2007年已經頒布客戶身分識別管理辦法，但目前社會各界對金融機構的身分識別和調查工作都還在適應階段，各類有效身分證件的驗證、調查手段還比較有限，還需要進一步完善客戶身分識別與

調查的社會配套資源，以增強相關工作的有效性。在家族信託盡職調查中，為更好地實現客戶交付家族信託項下財產的有效投資組合，確保投資風險與客戶的風險偏好相匹配。

2. 加強對擬信託財產的核實確認

家族信託設立往往以家庭項下財產為委託資產，一是要確認是夫妻共同財產還是個人財產，要盡量避免未經夫妻另一方允許，擅自處分夫妻共同財產的風險，特別是設立家族信託是夫妻一方單方面意願，甚至希望向配偶保密時，應特別注意信託客戶盡職調查和法律安排的謹慎性，避免可能導致信託無法合法生效的風險。二是要確認家庭資產與企業資產間的混同問題，目前許多家族信託潛在客戶為私營企業主，其作為公司股東、實際控制人或管理者在公司設立、營運等不同階段可能發生個人與公司間財產的轉移、混同，導致個人財產可能成為公司債務的連帶責任財產，存在無法相互隔離風險，一旦陷入訴訟、企業經營危機等不利情形時，就可能危及其個人或家庭財產。因此在進行家族信託設計時需要對家庭財產與企業資產間的關係進行梳理，做出妥善的隔離安排。

3. 對委託人信託動機合法性的核實

根據《信託法》規定，如果委託人設立信託時損害到債權人利益，則債權人有權申請法院撤銷該信託，導致家族信託安排無效。實際操作過程中，由於中國尚未建立個人債權登記申報等制度，信託公司等金融機構很難對自然人債務進行準確調查，雖然可以通過查詢央行的個人徵信系統、最高法院被執行人的信息查詢系統等平臺來進行驗證，但還是很難真正全面掌握委託人的債權債務信息。因此，在實踐操作中，信託公司一般通過由委託人出具聲明，表示設立信託不影響其已有債務的償還，但由此也可能導致信託隔離功能的弱化，不利於長期性安排。

4. 對受益人範圍設定的核查

家族信託的受益人可以是委託人自身，也可以是與委託人具有血緣、姻親等親屬關係的特定人；既可以是已經在世的受益人，也可能是尚未出生的受益人；如果涉及公益慈善目的，還可能是指定的慈善組織或特定需要扶助支持的人群、領域，因此確保受益人範圍和合法性是家族信託前期

客戶盡職調查、需求分析和產品設計中尤為重要的節點。一般來講，受益人和委託人之間必須有明確的親屬或血緣關係。如果受益人與委託人不存在血緣、姻親等關係時，則需考慮是否可能涉及洗錢、非法轉移資產等問題，以確保信託財產分配具有合法性。

6.2 股權類信託財產交付和產品設計創新

當前，中國「創富」一代已成為最重要的家族信託潛在客戶群體，而其持有的家族企業股權、房產等不動產也是重要的財產組成部分。由於目前信託財產登記制度和信託稅收制度等存在欠缺，很大程度上制約了家族信託對這些特殊類型財產的容納性，本書專門就這類特殊財產的信託交付和管理問題展開分析。

6.2.1 家族股權信託化管理的重要意義

伴隨著中國改革開放先富起來的人群多為創造財富的民營企業家，其擁有的名下公司的股權是其家族最重要的財產形態，隨著「創富一代」年齡漸長，尋找二代財富和企業繼承人成為擺在眼前的緊迫課題，通過家族信託的妥善安排和產品創新，能夠為企業家解決後顧之憂、家業長青提供新的解決思路。

1. 鎖定企業股權

根據現有《繼承法》規定，當一個企業創始人亡故後，其財產按照法定的順序繼承時，父母、配偶、子女作為第一順序順位繼承人享有遺產平均分配的權利。這種被動式平均分配安排將直接導致創始人原集中持有的股權分散到多個繼承人當中，從而導致喪失家族企業控制權。而且，不同繼承人因爭奪財產導致家族反目的案例也屢見不鮮。家族信託之所以能成為西方社會財富傳承安排的主要方式之一，就是可以通過信託安排，根據委託人的要求確保鎖定家族企業股權，而可以通過受益權分配的靈活性安

排，實現與底層股權資產集中管理的有效隔離，保證家族對企業的持久控制權。

2. 創新治理機制

委託人通過家族信託方式，不僅可以提前按照個人意願做出財產處置安排，避免按《繼承法》被動處置而可能導致的繼承人爭鬥。特別是針對家族企業股權等核心資產，借由家族信託持有股權，可以搭建雙層治理架構，將家族人員的股東身分和公司營運管理的角色分開，在信託層面通過受益人大會、或家族會議等治理機制，形成意見通過行使股東權利方式傳導到公司中；而在公司層面，可以通過職業經理人團隊，來保證公司的有效運轉。

3. 克服無人接班

在家族企業的傳承過程中，不僅面臨股權分配帶來的問題，還面臨子女不願意接班的考驗。從市場調研情況看，創富一代大都希望自己的子女能夠接自己的班，把企業發揚光大，但現實中近 2/3 的二代繼承人並不願意接掌家族企業，更希望引入職業經理人，或者只擔任股東延續企業營運，甚至有部分願意轉賣並退出家族企業[①]。因此，通過家族信託方式，委託受託人或信託機構持有並進行家族企業的股權管理，任用專業的職業經理人來經營，從而使得家族成員將股東和經營者的角色分開，避免二代繼承人不願接班而導致的企業停擺。

6.2.2　不同類型股權交付的信託產品設計

信託財產的轉移是信託成立與生效的重要前提，各國信託法基本都明確設立信託時的財產轉移問題，股權類資產作為合法的財產權利，也被納入考慮範疇。中國《信託法》第二條的定義中，委託人將財產委託給受託人，並沒有明確地指出要進行財產轉移，但第十四條中又指明受託人承諾信託而取得的財產視為信託財產，可以間接印證財產轉移的實質性要求。《公司法》中也規定股東有權通過法定方式轉讓其全部或者部分出資、股

---

① 招商銀行和貝恩公司. 2013 年中國私人財富報告 [R]. 2013.

權。但在實務操作中，並未明確可以通過信託合同來辦理股權過戶手續。《信託法》中雖然規定了財產在設立信託時的登記要求①，但配套的信託登記制度一直不明確。目前股權財產無法根據信託合同約定來進行轉移，而且也可能因為無法進行信託登記，影響信託生效問題。此外，還有股權轉讓的稅收問題，也大大增加了家族信託的運作成本，制約其運用空間。

根據《公司法》的規定，可以將公司分成有限責任公司和股份有限公司，有限責任公司對應的為股東出資或出資份額；股份公司對應的為股東出資獲得的股份，如實現證券化、上市就表現為股票。因此，為了實現家族信託對股權類財產的有效交付，需要通過靈活的信託產品設計創新和安排。

1. 有限責任公司股權

按照《公司法》《公司登記條例》等規定，有限責任公司股權變更需要在工商行政管理機關進行股權的變更登記。目前通過信託合同設立股權信託，委託人在信託合同中約定將股權交付給受託人，但工商部門不接受進行股權變更登記。實際中變通做法可能通過兩套合同，除股權信託合同外，同時委託人與受託人簽訂一份股權交易合同，並以此為依據辦理工商登記變更。雖然能夠在一定程度上解決登記問題，但由於未發生真實股權轉讓價款，或者轉讓作價明顯偏離真實價值，在股權變更的稅務處理上仍面臨一定風險。

因此，在操作中可以考慮採取股權購買方式。即委託人先設立一個資金型信託，然後用信託資金去購買股東持有的股權，由股權信託行為轉為較為簡單的股權轉讓行為，在法律上效力非常確定，可以實現家族股權信託的目的②。

2. 未上市股份公司股份

中國《公司法》規定股份公司的股權、股東變更時，對於記名股票，

---

① 《中華人民共和國信託法》第十條規定，「設立信託，對於信託財產，有關法律、行政法規規定應當辦理登記手續的，應當依法辦理信託登記。未依照前款規定辦理信託登記的，應當補辦登記手續；不補辦的，該信託不產生效力」。

② 由信託持有的未上市公司股權，如果未來有上市需求時，目前由於信託及資管產品等屬於證監會認為的三類特殊股東，需要進行清退，可能對信託架構的穩定性帶來衝擊。

是以背書的形式來轉讓；對於非記名股票是以交付的形式來轉讓的。實踐中非上市股份公司大部分發行的都是記名股票，因此需以背書的形式實現股權的變更，背書轉讓之後的股份要登記在公司的股東名冊。目前，各地成立的股權託管中心，提供非上市股份公司股權的初始登記、變更登記、質押登記、凍結登記、信託登記等，一定程度上彌補了非上市股份有限公司股東名冊的管理缺位問題。由於《公司法》以及《公司登記管理條例》等上位法中缺乏對信託登記的明確，未上市股份公司股權的信託登記依舊面臨與有限責任公司股權類似的操作困難。因此，家族信託中涉及非上市股份公司的股權交付時，操作思路基本與有限責任公司股權相類似，只是登記託管機構由工商登記部門轉為企業所在地的股權登記託管機構。

3. 非上市公眾公司股份

非上市公眾公司主要包括公開發行股票但不在證券交易所上市的股份有限公司，以及非公開募集（向特定對象發行股票）使股東人數超過200人的股份有限公司。根據中國證監會2012年10月發布的《非上市公眾公司監督管理辦法》（2013年12月進行了修訂完善），「公眾公司公開轉讓股票應當在全國中小企業股份轉讓系統進行，公開轉讓的公眾公司股票應當在中國證券登記結算公司集中登記存管」。如果非上市公眾公司股票向特定對象轉讓應當以非公開方式協議轉讓，而申請股票公開轉讓的，除履行董事會、股東大會等內部治理程序外，還需要按照中國證監會有關規定製作公開轉讓的申請文件，並提交審核批准。因此，在家族信託中委託人涉及交付非上市公眾公司股權時，可考慮通過非公開方式協議轉讓，先設立資金信託，然後以信託協議受讓相應的股權，從而實現家族企業的股權裝入信託的目的。

4. 上市股份公司股票

如果擬信託的股權為上市公司股票，委託人通過資金信託來購買交易方式實現股權轉讓時，還需要考慮《證券法》的相關約束。如擬轉入信託的股票超過上市公司的5%時，應履行強制信息披露義務；而在股權比例達到上市公司30%時，應履行要約收購義務，需要向證監會申請豁免要約收購義務。總體來講，上市公司運作相對更加透明，監管要求更嚴格，但

交易價格相對透明，時效性高，通過交易方式實現轉入家族信託更加快捷高效。

6.3　不動產信託財產交付和產品設計創新

6.3.1　不動產作為信託財產交付的特殊性

不動產具有耐久性、稀缺性、不可隱匿性和不可移動性等特點，各國法律對這類財產的移轉交付通常都有特殊規定。如進行不動產交易轉讓，或者以不動產設立抵押等擔保物權時，都需辦理相應的登記手續才能生效。因此，家族信託委託人以土地及其定著物等不動產作為信託財產而設立時，除具有一般財產信託的共同點以外，還需要面臨以下幾點特殊性要求。

1. 財產具有一定的地域限制

不動產財產只能接受其所在國家、地區法律法規對於不動產投資、轉讓、租賃等行為的限制性規定，因此為實現對不動產財產的信託化管理運作，有時需要將信託設立地、司法管轄地與不動產所在地保持一致；或者需要通過特殊目的公司等作為不動產的直接持有機構，而將公司股權轉移到家族信託中，從而間接實現對不動產的控制，突破信託與不動產間的區域限制。

2. 管理運用方式較為特殊

不動產以土地為基礎，可以延展出多種形態，如中國規定不動產的類型有土地、建築物、構築物以及添附於土地和建（構）築物的附著物。針對不同具體類型的不動產占用、使用、處分、收益等有著差異化法律安排。同時，針對不動產的不同類型和狀態，委託人可能有持有、開發、經營、處置等多種需求，也使得將不動產作為家族信託財產時，需要採取的管理運用方式十分複雜。

3. 稅收籌劃問題突出

由於不動產具有不可移動、隱匿、持久等特性，在各國都普遍作為稅收政策的關注重點。在不動產財產交付設立家族信託過程中，可能涉及所得稅、印花稅、契稅、土地增值稅、房產稅等。由於中國將財產轉讓都視為買賣行為，並未針對信託轉讓做出特殊性安排，在信託過程中需要進行不動產的轉移登記，承擔由此產生的繁重稅收成本，因此合理進行稅收籌劃意義很大。

6.3.2 不動產財產交付的信託產品設計

1. 信託直接購買方式

由於中國現有法律法規體系下不承認不動產財產的信託轉讓，依據信託合同無法辦理不動產的產權變更和轉移登記，實踐中操作難度很大。從保障交易安全的角度出發，可考慮通過真實購買方式來實現將不動產置入家族信託中。即委託人提供資金設立家族信託，家族信託再向委託人購買不動產，簽訂購買交易合同，據此辦理不動產的登記轉移、過戶，繳納相應稅收。

2. 信託間接購買方式

如果現有不動產是在委託人直接控制的公司名下，則可以通過資金信託來購買持有不動產的公司股權來間接實現，由於股權交易轉讓相對更加簡便快捷，也可節約一定的稅收成本。如果委託人直接持有的不動產，可以由委託人設立的資金信託出資成立一家公司，以公司的名義進行不動產的收購；或者委託人以其持有的不動產出資設立公司，然後由資金信託再收購該公司股權實現不動產的交付。實踐中的操作方式比較靈活，最終目的都是通過交易將不動產間接置入信託，信託持有不動產所在公司的股權，進行間接控制。

7　家族信託產品的投資管理框架構建

信託公司在家族信託中作為受託人，扮演著核心地位。雖然在客戶開拓、產品方案的形成、資產配置管理和家族事務處理等方面，信託公司可能需要借助外部合作機構的支持，甚至有時僅發揮次要作用，但毫無疑問，信託公司從家族信託的設立、生效、存續、終止等全生命週期都參與其中。本書重點結合以美國為代表的謹慎投資人規則聯邦存款保險公司（federal deposit insurance corporation，FDIC）《信託檢查手冊》（trust examination manual）[1] 中有關信託資產管理的內容進行梳理，從而形成家族信託產品投資方案設計，以及進行信託資產的投資管理的基本框架。

7.1　家族信託投資目標和原則

7.1.1　投資目標

1. 資產保值目標

作為家族信託產品而言，在產品投資方案設計時需要充分考慮通貨膨

---

[1]　FDIC 通過定期檢查來評估金融機構是否按照誠信原則和法律法規規定履行誠信義務，履行適當的謹慎，技能和謹慎的責任，其政策或管理帳戶的方式是否導致或有負債或估計的損失，從而對金融機構開展的信託業務進行監管與指導。

脹的因素，保障信託財產安全。資本保值或安全性不只是對信託財產名義價值的保值，而是應將通貨膨脹引發的資產自然貶損因素納入考慮範疇，強調信託財產真實價值的保值和安全性。

2. 收益目標

受託人進行家族信託產品的投資管理時，應借鑑謹慎投資人規則，在目標中引入總收益的概念，區別於原謹慎人規則下僅考慮紅利和利息收益等會計收入的情況。受託人進行投資管理的收益目標不僅包括利息收益、紅利等會計性收益，還包括資本增值、資本利得等因資產價格變動所獲得的收益。而且，受託人要更加要註重投資組合的整體收益，而不是投資組合所持有的個別資產收益。此外，在考慮平衡整體收益最大化目的時，受託人還應考慮到受益人的稅負情況、受益人對資產流動性和收益支付的規律性要求等。

7.1.2 投資原則

信託關係為信義關係的一種，以受託人①的身分為他人管理財產是其主要職能之一。受託人都要以遵循信託法律及監管法規為前提，對家庭設立的信託帳戶進行管理。在受託人對帳戶投資項目有自由決定權或對項目選擇進行推薦時，所選投資必須遵守管理章程的條款，同時符合既定的受益人需要或信託目的。而在受託人對投資管理沒有自主決定權（比如是自管帳戶或保管帳戶）時，應以遵守信託文件約定和帳戶管理規定為準則。

1. 適合性原則

根據《統一謹慎投資人法》規則，受託機構進行投資的選擇必須與所管理帳戶的受益人或客戶相適合。儘管並無明確標準用於判定「適合性」，但通常認為，與帳戶受益人有關的以下各項因素都應被考慮在內，如財務狀況、當前的投資組合、收益要求、納稅狀況和等級、投資目標、風險承受能力等。在家族信託產品投資方案設計中，信託公司應請客戶配合完成

---

① 原文此處為受信人（fiduciary），包括受託人（trustee）或者代理人，但文中為表述清晰，在不影響原意的基礎上統一採用受託人的表述。

《客戶風險承受能力評估》或投資者調查問卷等，以詳細瞭解客戶的資產實力、風險承受能力、投資偏好等，以確保投資方案與客戶的風險承受能力、偏好相一致。

2. 謹慎投資原則

2003年以後英國《信託法重述（三）》明確謹慎投資人規則，受託人可根據現代投資組合理論來指導投資決策，並要求進行風險與回報分析。因此，受託人的表現是否優異，就取決於整個投資組合而非單個投資。家族信託產品投資方案應避免投資品種、組合的風險、波動性超過家族委託人或其信託目的所匹配的風險承受水準；避免超過信託公司或其委託提供投資服務支持機構的專業能力水準。

3. 本金安全優先原則

客戶設立家族信託長遠目的還是實現財富的有效傳承，而保值增值更多體現為短期目標，因此家族信託投資方案設計時應將本金安全放在優先考慮因素，重點選擇安全邊際較高的金融產品，應通過投資運作在安全前提下抵禦通貨膨脹對信託本金的侵蝕。本金由移交給受託人的現金和其他形式的財產組成；而收益源自本金的投資回報，是本金的投資收益或回報，與本金自身的增值或升值帶來的資本收益有嚴格區別——資本收益增加本金的價值。信託的本金或收益都可關聯到一個個人信託帳戶，並指定不同類型的受益人，但本金和收益不能共用同一個個人信託帳戶。受託人在記錄時必須將兩者區分開來，不然可能導致將歸屬於一組受益人的資金給予另一組受益人，產生或有負債。在這種情況下，受託人應做好會計記錄，清楚區分本金資產或收益資產，而且為納稅申報做好準備。

4. 分散投資原則

分散投資是風險管理的基礎和謹慎投資管理普遍應考慮的因素，也是謹慎投資人審慎義務的一般性法則。現代投資組合理論表明，在不影響投資組合既定收益的前提下，分散投資可以降低或消除非系統性風險，從而使得組合在更低風險水準下獲得同等的收益。因此，受託人在對家族信託投資及管理決策進行評估時，應當首先確定與信託目的相符的整體投資策略，後續的每個投資項目都是整體組合的一部分，在業績評估時需要基於

組合的整體而非單項資產進行評估。

多樣化在投資組合管理中是必不可少的。在謹慎投資人分散投資規則的框架下，雖然強調了受託人必須進行分散化投資，但在《統一信託法（草案）》等法規中，並未對投資組合應當分散化或多元化的程度提供明確的指引，仍需由受託人進行個案判斷。在實踐中，如果信託投資組合是由類似資產共同組成或資產具有類似性，如40%比例投資於股票，60%投資於債券，受託人應有義務將部分股票、債券進行多樣化。只有當委託人或受益人家庭有特定需求，要求信託對家族企業進行控股，或者持有特殊資產，或者信託持有投資標的資產分散化的成本超過可能帶來的收益等特殊情形時，投資組合未進行多樣化可視為合理行為。

5. 靈活性原則

家族信託投資方案的整體投資策略應該具有足夠的靈活性和彈性空間，以能適應各類信託目的要求，滿足客戶在信託存續期間的現金性支出或非現金財產等處置要求，以及信託收益、本金或初始財產在不同受益人間的靈活分配等。

7.2 家族信託投資策略體系框架

7.2.1 確定整體投資策略

信託公司進行家族信託的投資管理時，應該針對特定產品建立整體投資策略。任何投資策略都應當以合理的受信原則為基礎，包括謹慎性、本金安全、分散投資、靈活性等基本投資原則，以及預設風險水準相當的回報率。從治理層面考慮，建立整體投資策略的最終責任屬於董事會或董事會指定的信託委員會。信託委員會對來自研究部門、外部投資顧問或者信託部門投資專員推薦的投資策略進行審查，做出選擇；有責任對個人帳戶的投資組合進行審查，來判斷所投資的資產是否與整體投資策略相符。

如果信託業務部門對帳戶行使投資自主決定權，則應該依照「信託部門管理原則聲明」對帳戶進行投資審查。在大多數情況下，受託人在接受委託之後就應該立刻啓動初始資產審查，並為帳戶建立一份投資計劃。審查應包含證券及其他帳戶下的各類資產。由於受託人可能會被要求快速行動來避免資產損失或本金貶值，或者立刻採取行動來保護有形資產免受債權人索償、保險損失或者物理損壞的影響，所以初始資產審查非常重要。如果因受託人的疏忽，未能及時採取行動而導致投資損失時，受託人需要對帳戶進行補償。

7.2.2 完善投資政策體系

對於家族信託業務部門有投資自主決定權的資產，信託部門應當明確制定一套進行投資的選擇、持有、審查和管理的框架，任命合格人員對日常投資活動進行監管，對各類自主決定的交易進行監督，包括：將類似交易報告提交給相應的監管人及委員會；針對異常情形時採取的處理步驟，以及審查及修訂投資政策和操作行為的程序；等等。

1. 管理規則和程序

信託投資管理人員的投資理念和操作標準，員工及管理人員需遵守的行為準則，應知曉自主決定的投資交易範圍、部門的證券核准清單及變更情況；對具有自主決定權帳戶的適當或不適當投資及操作；部門有資格管理的帳戶的類型和規模，以及新帳戶被接受的最低標準要求；接受新帳戶和移交資產前的審查程序；對投資審查進行存檔記錄的程序等。

2. 外部投資顧問運用

從實踐操作來看，委託人或其指定的信託保護人通常會對信託財產的投資運用深度參與，因此家族信託產品的投資管理方式可以有幾種形式：一種是全權委託投資管理模式，由信託公司根據信託文件和投資方案約定，自主進行投資管理運作；二是委託人或指定第三人指令管理模式，信託財產的投資運用指令均由委託人，或其指定的第三人（或機構）來發出，信託公司完全按照委託人指令管理運用財產，委託人對信託財產運用過程中產生的損益承擔相應責任。三是委託人確定信託財產投資範圍，受

託人在授權的投資範圍內投資決策。具體操作有正面投資清單、也可以採取負面清單等靈活形式。在家族信託的投資政策中，應明確投資管理部門是進行內部研究還是購買外部投資顧問的研究報告；制定外部投資顧問使用、辭任的程序；制定或修改外部投資顧問推薦的投資核准清單使用程序。

3. 資產配置管理

家族信託的投資管理部門應創建及修正資產配置模型的標準與方法、審查和批准程序；分別制定股權投資、共同基金、固定收益類債券，不動產、非上市股權，貨幣市場基金，衍生投資工具等不同類型投資品種的選擇、監控、增減、更新等標準和程序。如視為無價值資產、持有未評級或非核准清單中證券的評估和監控程序；信託帳戶貸款、證券借貸；等等。

4. 自主支配資產的審查

家族信託的資產管理政策還應明確所有可自主支配資產的保留程序。投資政策應明確可信賴的研究信息來源、可接受的記錄和批准資產保留標準，並提供將表現不佳的資產出售的指引。如果信託部門在進行年度審查時未將所有可自由支配資產包含在內，則會加大受信責任風險。

當信託帳戶持有一些無法獲得可靠估值的資產時，如有限合夥企業份額、非上市公司股權、交易不活躍或未上市股份公司股權、合作協定、對沖基金、版稅、專利和版權、礦產權益等，根據納稅申報（遺產稅、贈予稅等）要求以及計算信託帳戶成本費用時，受託人應當借助外部專業機構和專業人士幫助，特別是相關資產是信託受託人自主取得時，該類外部服務成本不能轉嫁給信託帳戶。

5. 積極與消極投資策略

常見的投資策略有積極投資策略和消極投資策略兩類。積極投資策略是指投資人通過主觀行為，判斷做出投資管理的策略行為，具體包括尋找被低估的證券，通過找出證券價格出現的錯誤定價或者通過對不同資產的投資進行時間選擇來提高投資收益的一種投資策略。如果市場是完全有效的，即信息充分反應到價格中時，積極投資策略很難獲利的。但是，由於市場並非完全有效，因此存在借助積極投資策略獲利的可能性。而消極投

資策略假定市場是完全有效的,所有證券的信息已經充分反應在價格中,因此受託人在進行信託的投資管理時,不再對投資品本身做分析或花費精力來研究投資策略,而是長期持有某投資產品,通過多樣化投資來獲取市場平均性收益。比較典型的就是投資於指數型基金。

7.2.3 確定產品投資範圍

家族信託可投資資產大類可包括現金管理類資產、固收類資產、權益類資產及另類資產。

1. 現金管理類金融產品

包括存款;貨幣型基金,銀行、基金公司、信託公司、證券公司、保險資管公司等現金管理類產品,期限在1年以內的同業存單、通知存款、定期存款、協議存款、大額存單等,其他高流動性低風險的金融產品。

2. 固定收益類金融產品

包括債券基金;上市流通的短期國債、金融債、央票、企業債、短融、中票等,債券逆回購;資產支持證券、資產支持票據,信託公司、基金公司、證券公司、保險公司、銀行等發行的實質為債權融資性質的資管產品,結構化證券投資中的優先級,其他高信用等級的債權性金融產品。

3. 權益投資類金融產品

包括公募股票基金、私募股票投資基金、信託公司、基金公司、證券公司、保險公司等發行的實質為股權投資性質的資管產品,定向增發股權及相關金融產品。

4. 另類投資類金融產品

包括不動產投資基金,私募股權投資基金,創投基金,產業基金,政府性基金,藝術品、貴金屬、商品,股指期貨、期權等金融衍生品。

信託公司應針對不同類別的投資標的分別制定細化的入池篩選標準,並制定相關金融產品發起人、投資管理人的合作名單,經內部審批決策程序通過後實施。投資標的篩選標準及合作方名單可以根據實際情況進行不定期調整。

7.3 家族信託產品資產配置策略

所謂資產配置就是將信託財產分配於適合實現信託目的的各種資產之中。資產配置不僅涉及對投資種類的選擇問題，而且還涉及信託財產在選定各類投資內部如何進行分配的問題。因此美國 Aalberts 等學者（1996）將資產配置劃分為宏觀配置和微觀配置兩個層面[①]。

7.3.1 宏觀配置

宏觀配置是決定哪些投資種類應當被包含在信託的投資組合中，解決的是資產種類及各類資產在投資組合中的占比問題，要求受託人在選擇投資種類時首先考慮特定信託的風險承受能力，確定適當的風險收益水準，然後選擇不同投資種類和比例構建符合相應風險收益水準的投資組合。在美國《信託法重述（三）》中提到資產種類大致包括現金等價物、債券、資產支持證券、不動產、公司股票等。通常的宏觀配置就是將信託財產在股票、債券、現金等價物之間進行配置，但是信託受託人和受益人的風險判斷能力具有相當的主觀性，因此並不存在統一適用的宏觀配置模式。許多的投資管理機構和學者將投資資產在大類別資產間的分配進行了研究，並提出一系列的資產配置理論、方法，並給出了許多基準性的資產組合配置組合。

根據不同資產類別的風險收益特徵，在給定時間點構建合適的資產配置組合。隨著資產類別的風險收益變化，對資產配置進行相應的調整。股票、債券、外匯、房地產、大宗商品和金融衍生品等各大類資產市場都存在獨特的運行邏輯，一個機構受制於規模限制，很難窮盡對所有資產類別

[①] Aalberts R J, Poon P S. The new prudent investor rule and the modern portfolio theory: a new direction for fiduciaries [J]. american business law journal, 1996 (34): 39-67.

的深入理解和精準投資，更難以對某個具體底層標的進行深入研究。已有的學術研究表明，資產配置貢獻了投資組合90%以上的收益水準，是投資組合中最重要的部分，遠超於擇時和擇券的重要性。

在家族信託的宏觀配置層面，信託公司重點負責對宏觀經濟和大類資產走勢進行研判，搭建投資管理體系，包括大類資產配置方案、基金分析評價體系、下層資產風險監控體系、組合調整策略等，而微觀配置和具體最終投資標的交由子基金管理團隊負責，如下圖7-1所示。

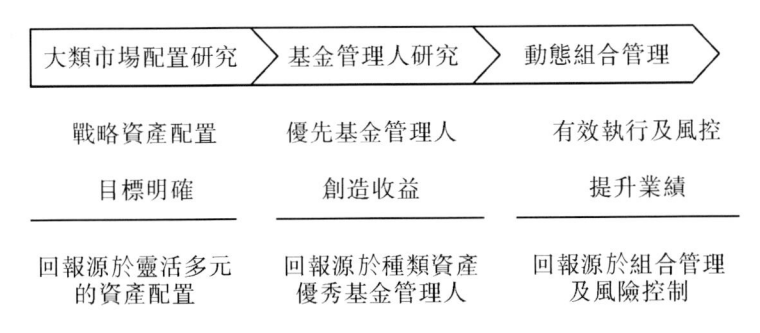

大類市場配置研究	基金管理人研究	動態組合管理
戰略資產配置 目標明確	優先基金管理人 創造收益	有效執行及風控 提升業績
回報源於靈活多元的資產配置	回報源於種類資產優秀基金管理人	回報源於組合管理及風險控制

圖7-1　家族信託的投資管理步驟

根據委託人追求長期投資本金安全、獲取穩健收益的投資目標，信託公司可將安全性較高的固定收益類產品作為核心資產，配置較高的投資權重，起到安全性和收益性的「穩定器」作用。在信託合同約定的範圍內，將少量配置權益類及另類等高風險、高收益特徵的產品作為衛星資產，以期增強收益。現金管理類產品的配置比例根據不同受益人的不同分配需求確定和調整。在沒有明確分配需求的情況下，原則上現金管理類產品投資僅用於資金閒置期的短期投資。根據客戶的風險偏好，可以按照穩健型、保守型、進取型來設定現金管理類、固定收益類、權益類投資、另類投資等不同的投資比例限制，結合經濟週期、市場走勢等宏觀因素綜合判斷，來動態修正不同階段的配置比例，不同風險偏好類型家族信託配置方案示意如表7-1所示。

表 7-1　　　　不同風險偏好類型家族信託配置方案示意

資產類別	保守型	穩健型	進取型
現金管理類	0~100%	0~100%	0~100%
固定收益率	0~100%	0~80%	0~60%
權益投資類	0~20%	0~40%	0~60%
另類投資類	0~5%	0~15%	0~20%

7.3.2　微觀配置

微觀配置是如何在這些選定的投資種類中配置財產，在宏觀配置確定的資產類別和比例基礎上，將信託財產配置於不同企業和行業之中。由於投資組合的風險和預期收益與所包含的資產數目、權重及不同資產間的風險相關性有關，必須充分考慮不同資產的預期收益、風險、與投資組合中其他資產的相關性等。

在進行微觀配置管理時，可採取自主投資和委託投資兩類模式。針對不同類型的資產，信託公司可以採取差異化的管理模式，一般為自主與委託兩種模式的結合。如針對另類非標債權等固定收益領域，信託公司相對具有較強的自主管理能力，以自主管理為主；而對股票、債券標準化資產，以及藝術品、貴金屬、商品等另類投資領域，則更多需要借助外部專業投資機構，建立相適應的委託投資體系來進行。

當前資產管理行業的專業化分工已經達到非常細緻的程度，市場可以提供任何一個證券品種的任意策略，還可以為客戶設計定制化產品。從投資品種來看，從事股票、債券、大宗商品、房地產、金融衍生品以及海外投資的投資機構和投資產品一應俱全；從投資策略來看，目前市場上的公募和私募基金已經基本覆蓋所有的投資策略，從宏觀對沖策略、多空策略、指數增強策略、ALPHA 中性策略、套利策略等全方面的投資策略。信託公司採取 FOF 模式（fund of funds）、MOM 模式（manager of managers）

等管理模式①，通過專業化的分工協作，利用其在宏觀和策略層面的投資優勢，預判未來的投資方向，進行大類資產層面以及投資策略層面的篩選和配置，將具體的投資決策交由每個子基金層進行投資決策，既可以有效分散風險，也可以獲取穩定合理的回報。

7.3.3 資產配置再平衡

在此原則指導下，信託公司構建基礎投資產品基礎池，甄選各類金融產品的風險回報特徵和風險相關性等，通過信託的本金和預期收益和現金流支出期望等約束條件，測算各類金融產品的配置比例和變動範圍、預期收益區間、波動幅度等；然後針對每類金融產品，根據內部或外部機構評級參考進行具體金融產品選取，形成投資方案初稿，與客戶進行溝通分析，確保投資方案的風險程度與客戶風險承受能力相匹配。經過反覆的溝通和修改，最終客戶同意確認投資方案。在此基礎上，信託公司家族信託團隊可聘請外部律師，共同起草完善家族信託合同；並與銀行簽署保管協議，開設信託財產專戶。客戶將初始委託的信託資金轉至信託財產專戶，信託設立生效；如果涉及非現金類財產，則根據具體的財產交付方案安排，至信託財產進入家族信託名下，則信託設立生效。

信託公司的投委會或委託投資小組應定期（月度、季度）對家族信託的投資組合進行回顧和歸因分析，評判資產配置、基金管理人選擇、組合的倉位擇時等不同因素對組合績效的貢獻程度，比較評估不同投資策略的基金、基金管理人的運作效果；進行未來市場展望，對組合進行適當調整②。一是根據市場變化對戰略資產配置進行微調；二是對於同一大類資產或投資策略下的投資管理人進行具體配置比例調整，對投資管理人進行打分匯總排序和評級，根據結果進行資金配置比例和規模的動態調整。

---

① FOF 模式是通過持有其他基金而間接持有股票、債券等證券資產。雖然費用較高，但能更好地降低風險，投資者受單只基金風格的影響較小，很適合做長期生命週期投資規劃的需求。MOM 模式由美國羅素公司在 30 年前創立，由基金管理人通過長期跟蹤研究，挑選優秀基金經理，同時利用合理的考核激勵機制，形成合力，為委託人取得更好的投資收益。

② 趙柏功. 資產配置視野下的委託投資業務框架比較分析 [J]. 中國城市金融, 2016 (4): 46-48.

7.4　家族信託投資運作和風險管理

7.4.1　投資運作流程

1. 投資計劃的制訂

投資經理根據信託合同約定的投資範圍和比例，通過投資管理系統確定投資組合模型，制訂相應的投資計劃。

2. 產品獲取和選擇

投資經理根據信託公司和信託合同約定的投資範圍，篩選確定投資標的，與外部投資管理機構進行溝通，進行投資方案協商，簽訂委託投資協議等，獲取可投資的投資標的。

3. 投資審批

根據內部投資決策審批權限，投資經理在授權範圍內完成與投資標的的投資、與合作機構或管理產品的組合投資；對超過授權範圍的，形成投資建議書，報批內部投資決策機構審批後再組織實施。

4. 交易執行

投資經理向交易員下達交易指令；交易員在確認交易指令準確無誤，具備相應審批要件等前提下執行交易指令；交易成功後及時將交易執行結果錄入系統，並整理歸檔相關交易憑證。

5. 投資跟蹤反饋

投資經理和信託公司中臺營運、風控等管理部門，在交易執行後跟蹤投資標的的運行情況，與所投資金融產品的管理人或委託投資機構進行定期溝通；當市場發生劇烈變化，所投資標的發生風險預警時，或者投資標的的管理人出現重大風險事件等不利情形時，投資經理應及時按照相應報告制度進行上報，並根據公司決策進行投資調整。

7.4.2 產品風險管理

家族信託產品風險管理應以客戶為中心，在產品設計之初，就要根據市場和客戶需求來設計產品，一是按照「瞭解你的客戶」原則，進行客戶充分盡職調查和身分信息等資料的核對，建立詳盡、完整的客戶資料檔案。二是對客戶風險偏好、承受能力進行評估分級，作為建立客戶關係和提供信託產品服務的前提條件。三是制訂投資方案，並對投資組合的風險、收益進行科學分級，確保與客戶風險分級和收益預期相匹配。四是持續跟蹤客戶信息變動，在客戶發生重大變化時，應進行重新評估，並與客戶及時溝通，必要時調整投資組合策略。五是建立嚴格的分層分級客戶信息管理制度，利用技術手段控制客戶信息洩密；與第三方機構合作時明確保密義務；對洩露客戶信息造成客戶、機構損害的建立相應問責制度。

1. 審慎管理風險

在謹慎人規則下以規避風險、保存風險為核心，要求受託人進行風險適度的投資，但由於局限於對單項投資的獨立評價，缺乏對整體投資組合的理論和評價指引，實際操作中就形成了規避有風險投資的結果。但在謹慎投資人規則下，受託人投資不再單純要求規避風險，而是要求對風險進行審慎管理。根據現代投資組合理論，通過分散投資可以規避非系統性風險，但系統性風險是無法避免的，通過承擔系統性風險可以獲得相應的風險溢價。

在美國《統一信託法（草案）》中要求，受託人在投資管理信託財產時，應當充分考慮總體經濟狀況、通貨膨脹、稅收等宏觀影響因素；投資組合可能包含的金融資產、非上市股權、房地產、個人無形資產、其他動產等每筆資產的作用，組合的預期總回報率及資本增值；受益人的其他資源；信託的流動性需求、收入的規律性及資本保值增值；某些資產對於信託目的或受益人的特殊價值等。

2. 風險收益均衡

風險收益的權衡是受託人進行投資決策的邏輯起點。在謹慎投資人規則下，受託人的主要職責不是完全避免風險，而是一方面評估受益人的風

險承受能力確定其可承擔的風險水準，確定適合於該信託的風險收益目標；另一方面運用合理的注意技能，通過分散投資的策略，最小化或者至少降低信託的非系統性風險，最終構建一個符合特定信託預期收益和風險承受水準的投資組合。儘管謹慎投資規則提出了判斷特定信託風險承受能力的大致準則，如根據信託的目的、分配的要求以及其他情況的綜合判斷，但該規則並未提供一個更加具體的操作規則，需要依據個性化案例來進行合理判斷。總體而言，信託的風險收益均衡投資策略不同，但受託人都需要經過兩個步驟來進行衡量：一是確定信託為實現預期收益所能接受的風險水準，以決定所承擔的系統性風險水準；二是根據可承擔的風險水準來構建分散化的投資組合，消除非系統性風險，實現預期收益目標。

3. 謹慎對外委託

在謹慎人規則下，嚴格要求受託人親自履行受託義務，進行信託財產的投資管理，不得委託其他人代為執行。為了適應市場和信託財產管理複雜性需要，謹慎人規則對受託人委託問題也進行了適當突破，將受託人事務區分為執行性事務和自由裁量性事務，允許將執行性事務委託他人代為執行。但是，實踐中很難就信託事務進行清晰劃分，仍未解決委託執行信託事務的問題。謹慎投資人規則確立了允許受託人進行對外委託的規則，明確受託人在管理信託投資活動時，有權並且在必要時有義務以一個謹慎投資人在此情形下會採取的方式將信託投資事項授權他人執行。但是，同時也明確有兩項事務必須由受託人親自執行：一是確定信託的投資目標；二是決定信託投資的策略和計劃，或者至少必須親自批准代理人或投資顧問提供的投資計劃。

4. 投資檢視和調整

在複雜多變的市場環境下，受託人在投資過程中需要謹慎判斷，對信託財產的組合持續關注；定期審視投資策略，檢查和調整信託財產組合，通過適度多樣化組合，實現信託文件或受益人相適應的風險和收益。同時，謹慎投資人規則明確，受託人對信託財產進行投資管理時，應當根據做出投資決定或採取行動當時的情形來進行判斷，而不能以投資的最終結果作為判斷標準，即強調對受託人投資行為的評價，而非對其投資結果的

評價，避免事後判斷的主觀臆斷對受託人造成不公平的影響。

5. 加強內控管理

家族信託產品的操作風險與業務活動緊密相關，主要是由於內部程序、制度、系統的不完善，或者人員操作失誤，系統或外部事件所造成損失的風險。因此，操作風險管理的關鍵是對過程控制，要通過業務全流程風險點的識別評估，以及風險管理的全流程、全覆蓋來進行管理[1]。信託公司應建立內部分工清晰、相互制衡的內部控制和風險管理架構，確保投資管理按照規範化、制度化流程運作，各參與部門、崗位的設置、授權明確、責任到位；對投資管理運作過程中的投資交易、投資跟蹤、調整等全流程監控，確保嚴格按照信託文件約定、管理制度運轉；對投資過程中形成的基礎性資料和憑證等進行妥善保管。

7.5　家族信託中特殊財產的投資管理

7.5.1　股權信託財產管理

常見的企業權益（business interests）有股票或非上市公司股權，合夥企業份額（普通合夥份額或有限合夥份額，獨資企業出資，合資企業的份額等）。信託受託人在家族企業權益管理時面臨較大挑戰，一方面信託帳戶持有股權可能因高度集中而導致流動性差，投資多樣性不足。受託人需要通過董事會議、信託委員會等議事規則，以及帳戶文件約定和人員資格等方式，提高對於非上市股權進行管理的專業能力，判斷股權管理行為符合法律、管理約定和謹慎標準的情況，判斷利益衝突的可能性，以及評估受託人承擔責任的可能性。

針對家族信託中的股權財產，受託人承擔的受託管理職責主要包括兩

---

[1]　王紅英. 基於 FOF 的理財產品設計方案及風險管理［N］. 期貨日報，2016-4-6.

類：一類是事務性管理義務，即按照委託人指令、受益人大會或者信託保護人指令，執行股權事務性處理，一般不涉及受託人進行自主判斷和自由裁量權；另一類是主動管理義務，受託人需要以自己的名義，介入公司經營，選聘管理層、參與公司決策等，這也意味著更高的管理義務要求。

1. 事務管理

在家族信託設立並完成財產交付後，受託人作為家族企業股權的名義股東，代表信託履行股東義務、派出董事、監事，參與公司財務決策、利潤分配等重要事項。雖然在事務管理過程中不涉及受託人的自主決策，但由於身分角色的轉變，仍有作為公司股東可能需要注意的一些風險。一是企業出資不實的風險，如果所持股份的企業實繳出資低於認繳的出資額，在企業發生經營失敗後需要股東以認繳的出資額為限承擔有限責任，很可能導致風險向信託蔓延，給受託機構帶來較大的聲譽風險、訴訟風險。二是受託人作為家族企業的大股東，如果委託人指令或者受益人大會給予的指令涉及侵害小股東利益、債權人利益，違反了大股東信義義務時，需要承擔賠償責任，受託機構可能面臨追償風險。

2. 主動管理

從國際實踐股權信託實踐看，受託人應負有更高的謹慎義務、注意義務或善良管理人義務，信託合同也賦予了受託人較大的權利，其履職能力和結果直接關係到信託目的的實現，專業受託機構應該建立與經營管理企業所匹配的專業知識和團隊，恪盡職守、誠實信用，勤勉謹慎，規範股權管理運作流程，更多地發揮自己的主動管理的能力，積極履行大股東義務和商業判斷，助力家族企業發展。針對受託人從事股權家族信託主動管理業務面臨的風險，一些離岸地通過制定受託人條例和特殊的信託法案，嘗試改變信託中的「受託人中心主義」原則，將家族企業的控制權仍由董事會享有。如 BVI 的 VISTA 法案（virgin islands special trusts act）（2013 年修訂）中規定，公司股東作為委託人採用股權設立信託時，可依然享有對公司的實際控制權，即委託人可以規定董事由其家族成員擔任，或者指定特定委員會負責公司董事的選任、解聘等。而受託人雖然直接持有股權，但不享有經營管理公司的權利，被豁免了相應的主動管理義務。同時，在信

託安排中通過信託保護人機制，對受託人的自由裁量權進行相應制衡，以更好地保護受益人利益。

7.5.2 不動產財產的管理

從美國信託謹慎受託管理的情況看，不動產通常作為一種信託帳戶下管理的資產，主要因委託人或立遺囑人的個人行為而獲得。不動產資產可能包括個人住宅、住宅收入物業（residential income properties,）、商業物業、未整修地塊和土地（unimproved lots and acreage.）。在某些情況下，不動產可以作為一種投資工具加入信託帳戶中。但如果信託協議裡沒有指定具體情況或給予具體授權，受託人在不動產的投資上應謹慎行事。其他需要考慮的因素包括：適合進行不動產投資的帳戶類型；不動產的當前和計劃的使用方式；不動產地理位置；土地的大小及將來的可銷售性；有無財產的建設或開發計劃帶來的風險；潛在的環境污染或危害帶來的風險和責任；與同類財產相比的價格情況；相應的投資收益，以及潛在現金流和增值情況等。

根據受託人對信託財產的管理處分權利設定，可以區分為事務管理和主動管理方式；根據委託人對不動產的定位和目的不同，也可區分為開發、營運、處分等管理重點。

1. 事務管理

在事務管理情形下，委託人將不動產置入家族信託時，未希望通過開發、出租、出售等方式營運不動產獲取收益，更多要求受託人按照信託文件約定對不動產信託財產進行日常維護。主要職責包括：對各類不動產資產進行分類、記錄，梳理把握不動產的全面信息；對不動產進行日常維護，包括房屋外觀維護、修繕、內部修整、清潔、打理等。信託受託人每年至少應對所持有的各項財產進行一次審查，以確定該投資是否符合帳戶及其受益人的需求和目標；定期評估不動產資產，確保保險充足有效；在處置出售前應引入外部評估機構；對不動產相關的契約、權屬證書、租賃、出售等合同、稅單、保單等原始文件進行妥善保管；當財產由他人管理時，應簽署並保存管理代理協議，確定代理人的職責和義務、報告的頻

率及支付佣金情況等。此外，與普通家族信託類似，受託人還需根據委託人指令或信託文件約定，就不動產的使用、產生利益的信託受益進行分配管理，涉及信託受益權範圍、分配方案的確定及調整等。

2. 主動管理

不動產投資的多樣化對受託人提出了不同程度的管理知識和專業知識要求。受託人需要根據不動產的特性，按照家族信託文件的要求進行管理、經營和處分。

一是不動產的開發，將不動開發完成後產生的收益進行信託分配。

二是不動產的經營，主要是針對商業不動產等通過出租等來獲得較穩定的信託收益。

三是不動產的處分，受託人負責在適當時機進行出售、處分，並將收回的資金用於其他投資、收益分配或其他信託文件約定的用途。由於不動產的開發、經營管理等需要相應的專業能力和資質，因此受託人在處理不動產事務時，需要引入相應的不動產開發或經營公司、經紀服務機構、評估機構等提供協助。

實踐中，除了股權和不動產這兩類特殊的財產以外，家族信託業務中還可能遇到文物、藝術品、貴金屬等動產，信託受託人在投資並管理這些實物資產時，事前在信託文件中應獲得投資允許，確保對這些資產有足夠的控制權，能夠採取有效的儲存措施，購買充足的保險，部分稀有的郵票、硬幣、鑽石和其他寶石，還應該獲得相應權威機構頒發的證書。隨著金融市場的不斷發展，還有許多全新的投資工具創設出來，信託受託人總體應在獲得信託文件的授權前提下，本著投資行為與信託目的和受益人風險承受能力相匹配等原則，開展謹慎投資。

8 基於大類資產的家族信託宏觀資產配置

家庭信託的資產配置呈現出長週期性、資產多元性等複雜特點,與家族客戶的個性化需求有著直接關聯。因此,家族信託的資產配置要從客戶的投資配置需求以及交付的信託財產類型、結構等基礎因素出發,針對不同類資產的風險收益特徵、管理運作方式,結合經濟週期,進行資產組合的確定、動態調整、評估等。

8.1 大類資產配置理論回顧

信託公司作為家族信託的投資管理人,在大類資產配置層面需要通過宏觀經濟走勢的研判和模型的因子測算,最終確定大類資產配置的明確比例。這是自上而下大類資產配置主線的起點,也是整個資產配置框架中最重要的部分。從效益的角度而言,專注於資產配置的機構應該將大量精力和時間花在這個階段。

8.1.1 基於量化策略的大類資產配置

20 世紀 90 年代之前,大類資產配置基本圍繞現代投資組合理論進行研究階段,不斷完善風險收益模型。在量化投資策略興起早期,主要關注不同股票間進行組合投資,很少涉及多類型資產配置領域。直到 Black 和

Litterman（1992）提出 Black-Litterman 模型，大類資產配置策略在實踐中才開始得到運用發展。Black-Litterman 模型基本思路就是在市場基準的基礎上，通過將投資者對大類資產的觀點與市場均衡回報相結合，形成對不同大類資產的配置建議。此後，很多學者以及機構分別從模型的輸入參數和模型結構等方面提出改進，使 Black-Litterman 模型更加貼近實際市場環境[①]。

資產價格由收益和風險共同決定，風險越高要求的資產收益越高，實踐中投資者往往更關心資產收益，而認為風險取決於宏觀經濟預期等外部因素。因此有些學者在研究資產配置時側重從資產收益角度入手。如 Mills（1991）提出的 GEYR（Gilt-Equity Yield Ratio）模型，通過計算長期國債收益率與股票市場收益率的比值，來判斷債券和股票的相對投資價值。Yardeni（1997，1999）提出的美聯儲估值模型（FED 模型），將股票市場收益率（E/P）和長期政府債券回報的比較，根據債券收益來發出是否買賣股票的信號。

另外一批學者和機構則認為傳統投資組合模型中收益預測誤差過大，而從風險角度來形成大類資產配置的思路。如美國阿卡迪亞（Acadian Asset Management）、道富環球（State Street Global Advisors）等運用最小化風險組合（minimum variance portfolio）策略。Choueifaty（2008，2013）構建出分散化指數和最大化風險分散組合，以降低整體風險。Qian（2005，2006）建立起風險平價模型，追求組合風險敞口均衡，構建「全天候」投資組合（all weather portfolio），實踐中取得了良好的收益水準。

保險機構作為大類資產配置市場重要投資主體之一，比一般機構投資者更加強調投資風險控制，實踐中形成了一系列有特色的投資組合保險策略。如 Leland 和 Rubinstein（1976，1981）提出的基於期權的投資組合保險策略（option-based portfolio insurance，OBPI），即通過在投資初期支付一筆期權費，以鎖定投資組合下跌的風險；此後進一步修正形成複製賣權策略（synthetic put option，SPO），用股票和無風險資產組合替代歐式看跌期權來對沖風險。一些機構從設定投資者的收益預期和風險承受能力等參

---

① 張學勇，張琳. 大類資產配置理論研究評述［J］. 經濟學動態，2017（2）：139-149.

數輸入，來構建投資組合保險策略，如 Black 和 Jones（1987）提出固定比例投資組合保險策略（constant-proportion portfolio insurance，CPPI），以及 Estep 和 Kritzma（1998）提出時間不變性的投資組合保險策略（time invariant portfolio protection，TIPP）；等等。

8.1.2 基於經濟週期的大類資產配置

量化投資策略核心是從股票、債券市場等歷史數據出發，分析其風險收益特徵作為未來資產配置投資的參考依據。但是，一方面歷史數據無法代替其未來運行規律；另一方面當宏觀經濟環境或政策發生劇烈變動時，量化投資策略可能會出現較大的偏差。因此，一些機構還將宏觀經濟週期、政策走勢等作為重要因素，來為大類資產配置提供宏觀性指導。近些年來，大學捐贈基金採取的是典型的融入經濟週期與主觀判斷的大類資產配置策略[1]。

在經濟週期與大類資產配置方面，最具代表性的是 2004 年美林證券提出的「美林時鐘」理論，即根據經濟週期的衰退、復甦、過熱、滯脹四個階段的不同，相應重點配置股票、債券、商品和現金四大類資產[2]。與之相對應的是，Sam Stovall 較系統地闡述了經濟週期不同階段行業配置的變化，如表 8-1 所示[3]。

表 8-1　　　　　　　　經濟週期與資產配置變化

通貨膨脹	投資風格轉換	產業輪動	利率曲線
下降	防守+成長	金融、可選消費、健康護理和大宗商品	陡峭
下降	週期+成長	電信、可選消費、信息技術和原材料	陡峭
上升	週期+價值	工業、能源、信息技術和原材料	扁平
上升	防守+價值	公用、能源、健康護理和大宗消費	扁平

---

[1] 李忠獻. 長期資產配置是哈佛捐贈基金的基石［N］. 中國保險報，2016-09-19.
[2] 美林證券. The Investment Clock［R］. 2004.
[3] 王敬，王穎. 機構投資者資產配置方法研究［J］. 價值工程，2006，25（2）：115-119.

鄭木清（2003）研究提出經濟週期的識別和監測方法，以及在不同經濟週期階段進行戰略資產配置的基本規則，如表 8-2 所示[①]。

表 8-2　　　　　經濟週期階段與戰略資產配置原則

宏觀經濟狀況	配置策略
負產出缺口縮小，利率下降	提高股票或債券資產比重
負產出缺口縮小，利率上升	提高股票比重，穩定或減少債券比重
正產出缺口擴大，利率下降	提高股票比重，減少債券比重
正產出缺口擴大，利率上升	提高股票和現金比重，減少債券比重
正產出缺口縮小，利率下降	提高現金比重，降低股票比重，穩定或減少債券比重
正產出缺口縮小，利率上升	提高股票和現金比重，減少債券比重
負產出缺口擴大，利率下降	大幅提高股票和現金比重，減少債券比重

8.2　風險平價策略在家族信託資產配置中運用

隨著投資組合理論在實踐中的不斷應用，磐安（PanAgora）基金的首席投資官 Qian（2005，2006）在吸收和修正均值-方差模型的基礎上，提出風險平價（Risk Parity）策略。隨後，橋水（Bridgewater）基金運用於實際投資，並獲得了巨大的成功。在家族財富配置中，風險平價策略具有廣泛的應用空間和價值。

8.2.1　風險平價策略概述

風險平價策略通過投資組合中各類資產之間的風險權重平衡，控制其風險貢獻度，確保各類資產在投資組合中的風險暴露相同。通過運用風險平價策略，橋水基金的全天候基金從 1996 年到 2015 年間，基金投資的年

[①] 鄭木清. 證券投資資產配置決策 [M]. 北京：中國金融出版社，2003.

化收益率超過同期標準普爾 500 指數 3.07%，年化波動率低於同期標準普爾 500 指數 6.74%，夏普比率達到 0.64。全天候基金的投資理念認為，各類資產對經濟環境具有不同的偏好，在特定環境下，某類資產表現較好，而另外一些資產則表現不佳。例如，在經濟繁榮的時期，股票表現較好，而在經濟衰退的時期，債券表現優異。

2006 年，Qian 進一步指出，單個資產的風險貢獻不僅可用於組合風險的分解，還可被視為各頭寸損失貢獻的估計參考。即相比其他資產，資產 i 的風險權重貢獻較大。如果降低資產 i 的權重，同時提升其他資產的權重將會降低投資組合的風險，直至各類資產風險貢獻相同。

1. 簡單風險平價模型

定義 $x = (x_1, x_2, \ldots, x_n)$ 為資產組合中 n 個資產的權重，σ_i^2 為資產 i 的方差，σ_{ij} 為資產 i 與資產 j 的協方差。Σ 為組合資產的協方差矩陣，因而，組合資產的標準差為

$$\sigma(x) = \sqrt{x^T \Sigma x} = \sqrt{\Sigma_i x_i^2 \sigma_i^2 + \Sigma_i \Sigma_{j \neq i} x_j \sigma_{ij}} \tag{8-1}$$

式中，x 為資產組合權重的列向量，x_i 為 x 中第 i 個元素，即資產 i 的權重。

第 i 個資產的邊際風險貢獻（marginal risk contributions，MRC）定義為 $\partial_{x_i}\sigma(x)$，即第 i 個元素權重變化對整體組合波動率的影響為

$$MRC = \partial_{x_i}\sigma(x) = \frac{\partial \sigma(x)}{\partial x_i} = \frac{x_i \sigma_i^2 + \sum_{j \neq i} x_j \sigma_{ij}}{\sigma(x)} \tag{8-2}$$

第 i 個資產總風險貢獻（total risk contributions，TRC）為該資產邊際風險貢獻與資產權重的乘積，即 $\sigma_i(x) = x_i \times MRC_i$，則組合波動率為各資產風險貢獻總和：

$$\sigma(x) = \sum_{i=1}^{n} TRC_i = \sum_{i=1}^{n} x_i \frac{\partial \sigma(x)}{\partial x_i} = \sum_{i=1}^{n} \sigma_i(x) \tag{8-3}$$

其中，$\sum_{i=1}^{n} x_i = 1$，$x_i > 0$

$$\min_{x} = \sum_{i=1}^{n} \sum_{j=1}^{n} (TRC_i - TRC_j)^2 \tag{8-4}$$

在風險平價策略模型中，對於波動率大的資產，在組合中配置相對較小的權重；對於波動率小的資產，配置相對較大的權重[①]。利用經典的 CAPM 模型，對於 $\forall i = 1, 2, \ldots, N$

$$r_i = \alpha_i + \beta_i r_M + \varepsilon_i$$

$$E[\varepsilon_i \varepsilon_j] = E[\varepsilon_i] E[\varepsilon_j] = 0$$

有

$$\sigma_i^2 = \beta_i^2 \sigma_M^2 + \sigma_{\varepsilon_i}^2 \tag{8-5}$$

$$\sigma_{ij}^2 = \beta_i \beta_j \sigma_M^2 \tag{8-6}$$

根據風險平價策略表達式模型。對於 $\forall ij \in 1, 2, \ldots, N$：

$$x_i \frac{(\Sigma x)_i}{\sigma_p} = x_j \frac{(\Sigma x)_j}{\sigma_p}$$

則有

$$x_i^2 \sigma_{\varepsilon_i}^2 + x_i \sigma_M^2 \beta_i \sum_{k=1}^{n} \beta_k x_k = x_j^2 \sigma_{\varepsilon_j}^2 + x_j \sigma_M^2 \beta_j \sum_{k=1}^{n} \beta_k x_k \Rightarrow$$

$$\left(\sigma_M^2 \sum_{k=1}^{N} \beta_k x_k\right)(x_i \beta_i - x_j \beta_j) = (x_j \sigma_{\varepsilon_j} - x_i \sigma_{\varepsilon_i})(x_j \sigma_{\varepsilon_j} + x_i \sigma_{\varepsilon_i}) \Rightarrow$$

$$\frac{x_i \beta_i - x_j \beta_j}{(x_j \sigma_{\varepsilon_j} + x_i \sigma_{\varepsilon_i})} = \frac{(x_j \sigma_{\varepsilon_j} - x_i \sigma_{\varepsilon_i})}{(\sigma_M^2 \sum_{k=1}^{N} \beta_k x_k)}$$

假定投資組合中各資產的 β 值大於 0，且資產不可被賣空：

（1）投資組合中，各資產的非系統性風險相同。即 $\sigma_{\varepsilon_i} = \sigma_{\varepsilon_j}$，則有 $\beta_i > \beta_j \Rightarrow x_i < x_j$。

（2）投資組合中，各資產的系統性風險相同。即 $\beta_i = \beta_j \geq 0$，則有 $\sigma_{\varepsilon_i} > \sigma_{\varepsilon_j} \Rightarrow x_i < x_j$。

2. 引入動量的風險平價模型

由於風險平價策略側重於低配高風險資產，可能會引起預期收益水準難以達到投資者預期的情況，加入動量效應後，這一問題將會得到明顯改善。Jegadeesh 和 Titman 在 1993 年提出動量效應概念，即資產收益率會出

[①] 張研. 大類資產配置風險平價模型及其應用［D］. 濟南：山東大學碩士論文，2017.

現延續既有運動趨勢，過去收益低的資產在未來收益仍將低於高收益資產。動量效應出現的原因，主要是由於對各種市場信息反應的不足。

動量效應策略可分為絕對動量策略和相對動量策略兩種。其中，絕對動量策略主要是依託資產時間序列的歷史收益來建立動量信號，根據各個資產的動量信號用於投資組合調整和交易。相對動量策略則是對不同市場或同一市場相同的資產、不同的資產的投資組合，與同一時點、相同的動量信號進行比較、排序，買入動量較好的資產，根據市場變化，實現投資組合中大類資產的輪動。

Andrew Clare, James Seaton 等在動量策略中引入 MSCI 指數、MSCI 新興市場指數、瑞銀商品指數、全球 REITs（房地產投資信託基金）指數、花旗全球市場政府債券指數、FTSE/EPRA 等全球性多資產指數，構建起全球資產配置模型，較買入持有策略在風險調整後收益方面大為改善，風險平價模型有了較大的提升：

$$\min_x \sum_{i=1}^{m} \sum_{j=1}^{m} (TRC_i - TRC_j)^2 \qquad (8-7)$$

$$Sort(R_{t-20,t}^i, \llbracket descend \rrbracket) \leq m$$

$$\sum_{i=1}^{n} X_i = 1, \ X_i > 0$$

其中，$R_{t-20,t}^i$ 表示月度動量因子（月度收益水準），$Sort(R_{t-20,t}^i, \llbracket descend \rrbracket)$ 表示按月度收益水準以降序方式排序，以此捕捉大類資產的輪動。

3. 基於最大回撤的風險平價模型

在投資實踐中，以最大回撤、預期損失來估算投資組合風險的應用越來越廣泛。最大回撤，即在給定的時間內，資產價格走向最低收益水準時，投資組合收益的最大回撤程度。

給定 n 個資產 $(x_1, x_2, \ldots, x_n)$，權重向量為 $(w_1, w_2, \ldots, w_n)$，定義 $ES_i = ES(X_i)$ 為資產 i 的預期最大回撤，則

$$ES\left(\sum_{i=1}^{n} w_i X_i\right) \leq w_1 ES(X_1) + w_2 ES(X_2) + \ldots + w_n ES(X_n) \qquad (8-8)$$

$$\sum_{i=1}^{n} w_i = 1, \ w_i > 0$$

式（7-8）表明，各資產的最大回撤加權總和會大於等於投資組合的最大回撤，在極端情況下，等號成立。第 i 個資產的絕對風險貢獻為

$$C_i^A = w_i ES_i \tag{8-9}$$

第 i 個資產的相對風險貢獻為

$$C_i^R = \frac{w_i ES_i}{\sum_{i=1}^n w_i ES_i} \tag{8-10}$$

則基於最大回撤的風險平價模型為

$$\min_w \sum_{i=1}^n \sum_{j=1}^n (w_i ES_i - w_j ES_j)^2 \tag{8-11}$$

$$\sum_{i=1}^n w_i = 1, \quad w_i > 0$$

對最大回撤測算可採取歷史數據進行預測，但最大回撤的歷史數據和未來的關聯性不強，預測精度較低。以蒙特卡洛算法模擬預期最大回撤的分佈可以提高預測的準確度。

4. 基於風險因子的風險平價模型

在經濟運行過程中，投資組合收益率還會受到宏觀經濟環境等因素的影響。如果投資組合內各資產的關聯程度過高，則在其他因素影響下，可能會改變原有投資組合風險的狀態，難以實現理想的收益。為此，Thierry Roncalli 提出了基於風險因子的風險平價模型，基本思路如下。

給定 n 個資產 $(A_1, A_2, \ldots, A_n)$ 投資組合，在 t 時刻的收益率向量為 $\boldsymbol{R}_t$，協方差矩陣為 Σ。此外，存在 m 個風險因子 $(F_{t1}, F_{t2}, \ldots, F_{tm})$，$\boldsymbol{F}_t$ 為 t 時刻的因子向量，協方差矩陣為 $\boldsymbol{\Omega}$，則

$$\boldsymbol{R}_t = A + B\boldsymbol{F}_t + \boldsymbol{\varepsilon}_t = A + B\boldsymbol{F}_t + De_t \tag{8-12}$$

其中，F_t 為 $m \times 1$ 的向量，各因子之間不相關；$\boldsymbol{\varepsilon}_t$ 為獨立且不相關向量，均值為 0；協方差矩陣為對角矩陣 $\boldsymbol{D}$，$\boldsymbol{F}_t$ 與 $\boldsymbol{\varepsilon}_t$ 不相關，則 $\boldsymbol{R}_t$ 的協方差矩陣為

$$\Sigma = A\Omega A^T + D \tag{8-13}$$

給定的資產權重為 w，風險權重為 β，則投資組合多因子式為

$$\Pi_t = w^T \boldsymbol{R}_t = w^T A + w^T B\boldsymbol{F}_t + w^T De_t = \alpha + \beta^T F_t + \delta e_t \tag{8-14}$$

其中，$\beta = B^T w$，$\delta = w^T D$。令 $C = B^T$，C^+ 為 C 的穆爾-彭羅斯廣義逆矩陣，則有 $w = C^+ \beta + e$，其中 $e = (I_n - C^+ C) w$ 是一個 C 的和空間向量，則

$$\Pi_t = w^T R_t = \alpha + \begin{pmatrix} \beta^T \\ \delta \end{pmatrix} \begin{pmatrix} F_t \\ e_t \end{pmatrix} = \alpha + \gamma \cdot \begin{pmatrix} F_t \\ e_t \end{pmatrix} \tag{8-15}$$

其中，F_t 與 e_t 相互獨立，互不相關，其聯合的協方差矩陣為

$$\Theta = \begin{pmatrix} \Omega_{11} & \Omega_{12} & \cdots & \Omega_{1m} & 0 & 0 & \cdots & 0 \\ \Omega_{21} & \Omega_{22} & \cdots & \Omega_{2m} & 0 & 0 & \cdots & 0 \\ \vdots & \vdots & \vdots & \vdots & \vdots & \vdots & \vdots & \vdots \\ \Omega_{m1} & \Omega_{m2} & \cdots & \Omega_{mm} & 0 & 0 & \cdots & 0 \\ 0 & 0 & \cdots & 0 & 1 & 0 & \cdots & 0 \\ 0 & 0 & \cdots & 0 & 0 & 1 & \cdots & 0 \\ \vdots & \vdots & \vdots & \vdots & \vdots & \vdots & \vdots & \vdots \\ 0 & 0 & \cdots & 0 & 0 & 0 & \cdots & 1 \end{pmatrix} \tag{8-16}$$

投資組合總風險為

$$\sigma(\gamma) = \sqrt{\gamma' \Theta \gamma} \tag{8-17}$$

風險因子 i 的風險貢獻度為

$$TRC_i = \frac{\gamma_i (\Theta \gamma)_i}{\gamma' \Theta \gamma} \tag{8-18}$$

$\sigma(\gamma)$ 為正齊性，$\sigma(k\gamma) = k\sigma(\gamma)$，所有因子的總貢獻和為 1。

基於風險因子的風險平價模型為

$$\min_{\gamma} \sum_{i=1}^{n} \sum_{j=1}^{n} (TRC_i - TRC_j)^2 \tag{8-19}$$

$$\sum_{i=1}^{n} \gamma_i = 1, \ \gamma_i > 0$$

在求解過程中，如果樣本數量多於因子數量時，可用因子的協方差矩陣代替預測值，並以最小二乘法求解；當樣本數量少於因子數量時，則需採用 Ledoid-Wolff 收縮估計。

8.2.2 風險平價策略的模型

風險平價策略的模型有以下幾種。

1. 存在解析解

假設投資組合各資產間存在相同的相關係數，即 $\forall i, j \subseteq (1, 2, \cdots, N)$，$\rho_{ij} = \rho$，則資產 i 的風險貢獻為

$$\sigma_i(x) = \frac{x_i^2 \sigma_i^2 + \rho \sum_{j \neq i} x_i x_j \sigma_i \sigma_j}{\sigma(x)} = \frac{x_i \sigma_i \left[(1 - \rho) x_i \sigma_i + \rho \sum_j x_j \sigma_j \right]}{\sigma(x)} \quad (8-20)$$

此時，$\forall i, j \subseteq (1, 2, \cdots, N)$，有 $\sigma_i(x) = \sigma_j(x)$，則 $x_i \sigma_i = x_j \sigma_j$，同時，權重 $\sum_{i=1}^{n} x_i = 1$，則

$$x_i = \frac{\sigma_i^{-1}}{\sum_{j=1}^{n} \sigma_j^{-1}} \quad (8-21)$$

進而近似求得風險平價策略的配置權重。

同理，若各資產有相同的波動率，$\forall i, j \subseteq (1, 2, \cdots, N)$，有 $\sigma_i = \sigma$，則

$$x_i = \frac{\beta_i^{-1}}{\sum_{j=1}^{n} \beta_j^{-1}} = \frac{\beta_i^{-1}}{n} \quad (8-22)$$

2. 非線性規劃求解

一般情況下，風險平價策略存在解析解比較困難，只能以非線性規劃求得數值解，Maillard，Roncalli 和 Teiletche 指出可以 R. B. Wilson（1963）提出的序列二次規劃（sequential quadratic programming）算法，結合不能賣空的權重限制，求解優化問題。其核心思想，就是應用列二次規劃的子問題不斷逼近原問題，進而獲得原問題的最優解：

$$\min f(x)$$
$$\text{s. t.} \begin{cases} c_i(x) = 0, & i \in E = \{1, 2, \cdots, m_e\} \\ c_i(x) \geq 0, & i \in I = \{m_e + 1, m_e + 2, \cdots, m\} \end{cases} \quad (8-23)$$

式中，$f(x)$ 為目標函數；$c_i(x)$ 為約束條件，通過泰勒公式，將非線性約束條件進行近似線性化，以拉格朗日法獲得二次規劃的子問題：

$$\min \nabla f(^x)Td + \frac{1}{2}d^T H_k d$$

$$\text{s. t.} \begin{cases} c_i(x_k) + \nabla c_i(x_k)^T d = 0, & i \in E \\ c_i(x_k) + \nabla c_i(x_k)^T d \geqslant 0, & i \in I \end{cases} \quad (8\text{-}24)$$

若 x_k 為當前的迭代點，依據二次規劃問題的解搜索 d_k，計算步長 a_k，進而獲得接下來的一個迭代點 $x_{k+1} = x_k + a_k k_k$，重複上述步驟，直至最終獲得符合約束，獲得最優解。

3. 波動率的估計

受 Markowitz 均值-方差模型的影響，我們以波動率計算資產的風險水準，計算波動率主要有簡單移動平均、指數加權移動平均和 GARCH 模型估計幾種方法。

（1）簡單移動平均。簡單移動平均即樣本方差法，首先計算一定歷史時期內樣本的均值，然後計算各樣本與均值的偏差的平方和，組合開方得到標準差，也就是資產的波動率。由於計算複雜程度較低，應用較為廣泛。不過，簡單移動平均是以資產收益率服從獨立同分佈的隨機過程，當極端事件發生在 $t-1$ 時期，還是 $t-\eta$ 時期，其對 t 期所產生的影響相同，這與實際金融活動不符。

（2）指數加權平均。為了克服簡單移動平均的缺陷，指數加權平均對不同時期賦予不同的權重，越靠近當前時刻影響越大，權重也就越大，即當 $i > j$ 時，$a_i < a_j$，a_i 為第 i 天觀測到的歷史數據權重：

$$\sigma_n^2 = \sum_{i=1}^n a_i (\mu_{n-i})^2 \quad (8\text{-}25)$$

$a_i = \lambda a_{i-1}$，即 a_i 隨著時間的推移而不斷遞減，其中：λ 代表權重的分配，$0 < \lambda < 1$。則以指數加權平均法計算的波動率為

$$\begin{aligned}\sigma_n^2 &= \sum_{i=1}^n a_i (\mu_{n-i})^2 = a_1 \mu_{n-1}^2 + a_2 \mu_{n-2}^2 + \ldots + a_m \mu_{n-m}^2 \\ &= a_1 \mu_{n-1}^2 + \lambda (\sigma_{n-1}^2 - a_m \mu_{n-m}^2) \\ &= (1-\lambda) \mu_{n-1}^2 + \lambda \sigma_{n-1}^2 \end{aligned} \quad (8\text{-}26)$$

（3）GARCH 模型。Engle 在 1982 年提出了自迴歸條件異方差模型

(autoregressive conditional heteroscedasticity model，ARCH），為計算波動率提供了一個新的思路①。

假設 r_t 為一個金融時間序列數據，首先以 ARMA 模型（自迴歸滑動平均模型）進行擬合，進行去均值化處理，得到 t 時刻資產收益的殘差序列 α_t，令 σ_t^2 為 t-1 時刻信息集 Γ 的條件方差，即 $\sigma_t^2 = Var(r_t \mid \Gamma_{t-1}) = Var(\alpha_t \mid \Gamma_{t-1})$。

假設 α_t 序列不相關，但非獨立；同時，α_t 序列非獨立性可以其延遲值的二次函數刻畫：

$$\alpha_t = \sigma_t \varepsilon_t, \quad \sigma_t^2 = \alpha_0 + \alpha_1 \alpha_{t-1}^2 + \ldots + \alpha_m \alpha_{t-m}^2 \tag{8-27}$$

式中，ε_t 為服從正太分佈的標準隨機變量，$\forall i, \alpha_i \geq 0$。雖然 ARCH 模型能夠有效地預測波動率，但不能說明其有效的來源。同時，對正抖動和負抖動一視同仁與現實不符；此外，模型只有自迴歸項，若要更好地描述波動率需進行很多參數估計，計算較為複雜。

Bollerslev 在 1986 年提出廣義自迴歸條件異方差模型（GARCH）：

$$\alpha_t = \sigma_t \varepsilon_t, \quad \sigma_t^2 = \alpha_0 + \sum_{i=1}^{m} \alpha_1 \alpha_{t-1}^2 + \sum_{j=1}^{n} \beta_j \sigma_{t-1}^2 \tag{8-28}$$

式中，ε_t 為服從正太分佈的標準隨機變量，對於任意 i, j 均滿足 $\alpha_i \geq 0, \beta_j \geq 0, \sum_{i=1}^{\max(m,n)} (\alpha_i + \beta_i) < 1$。GARCH 模型增加了描述自相關的部分，克服了 ARCH 模型缺點，可以有效降低參數的階數。不過，GARCH 模型也存在不能區分正負擾動對波動率的影響，在刻畫波動率厚尾特徵時，仍然很難符合實際情況。

8.2.3 風險平價策略在家族信託資產配置中的應用

由於家族財富配置要求期限較長，在家族財富配置過程中採取合適的策略尤為重要。風險平價策略能夠通過平衡配置資產的風險，實現穩定收益，這與家族財富配置的需求較為吻合。

---

① 林珊珊. 中國經濟波動特徵的研究——基於 ARCH 類模型 [J]. 時代金融, 2015（4）: 257-259.

1. 方法的選擇

雖然以歷史數據估算最大回撤精確率較低，但最大回撤方法過去和未來的關聯性較低。本書以蒙特卡洛方法模擬預期最大回撤，構建基於最大回撤的風險平價模型。

第一，使用 ARMA-GARCH 模型對各資產收益率進行模擬，得到殘差矩陣。第 i 列代表資產 i 的殘差序列，t 為歷史數據的長度。

$$E = \begin{pmatrix} \varepsilon_{11} & \varepsilon_{12} & \cdots & \varepsilon_{1n} \\ \varepsilon_{21} & \varepsilon_{22} & \cdots & \varepsilon_{2n} \\ \cdots & \cdots & \cdots & \cdots \\ \varepsilon_{t1} & \varepsilon_{t2} & \cdots & \varepsilon_{tn} \end{pmatrix} \tag{8-29}$$

第二，使用蒙特卡洛方法，隨機抽取 μ_i 行數據，並將數據放入新的矩陣。

第三，重複上述兩步，不斷將新的抽取數據放入新的矩陣，直至矩陣的列達到預期的長度。

第四，將新的殘差矩陣帶入 ARMA-GARCH 模型，得到 n 個資產的預測收益率，並計算各資產的最大回撤值。

第五，重複上述步驟 N 次，得到每個組合資產的最大回撤分佈，然後計算其均值，得到每個組合資產預期的最大回撤。

2. 數據的選取

根據市場可選取的資產類別，以及家族財富配置的穩健性特點，本書選取股票、債券和商品三大類別，以滬深 300 指數、標準普爾 500 指數作為股票類資產配置標的，以中債企債指數為債券標的，以倫敦現貨黃金商品作為大宗商品配置標的。國內基金公司均有與上述標的掛勾的投資品種。鑒於部分數據的可獲得性，數據選取時間為 2007 年 1 月 4 日至 2017 年 1 月 4 日，數據頻率為日，如圖 8-1 所示。

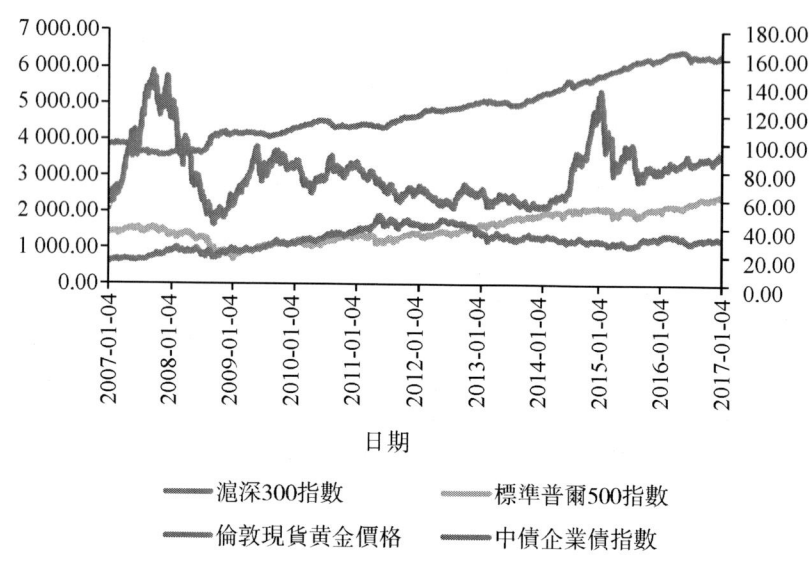

圖 8-1　大類資產主要指數參數

資料來源：Wind

3. 相關性檢驗

從檢驗結果上看，由於所處經濟環境的差異，滬深 300 指數與中證企業債指數、標準普爾 500 指數，以及黃金價格走勢相關性較低。中債企業債指數與標準普爾 500 指數相對較強，這可能是由於美國經歷次貸危機後，企業經營狀況逐步改善，經濟企穩，但二者並不具備必然聯繫，短期內雖有趨同趨勢，但長期內未必相同。具體如表 8-3 所示。

表 8-3　　　　　　　　　大類資產相關性檢驗

指數名稱	滬深 300 指數	中債企業債總指數	標準普爾 500 指數	倫敦現貨黃金
滬深 300 指數	1.00	-0.04	0.22	-0.38
中債企業債總指數		1.00	0.85	0.35
標準普爾 500 指數			1.00	0.12
倫敦現貨黃金				1.00

4. 實證結果

利用所選資產的歷史數據，對其年化收益率、波動率及夏普比率進行

計算，結果表 8-4 所示。

表 8-4　　　　　　　　大類資產主要收益和波動率表現

參數	等權重法	中債企業債總指數	標準普爾 500 指數
年化收益率	7.8	3.12	20.1
波動率	29.8	2.5	18
夏普比率	0.27	0.82	1.07

（1）以股+債模式構建投資組合。在權重分配上，首先以等權重分配，觀測各個資產收益情況，同時，按照風險大小排序，每半年調整一次倉位，形成資產配置組合，見表 8-5。從結果上來看，進行風險調整後的投資組合較等權重投資組合收益有了較大的改善，夏普比率也有了較大的提升。

表 8-5　　　　　　　　股債大類資產組合市場表現

參數	等權重組合	調整後投資組合
年化收益率	3.95	5.67
波動率	14.37	4.63
夏普比率	0.18	0.78

（2）以股+債+大宗商品模式構建投資組合。2007 年以來，大宗商品價格波動較大，我們在構建投資組合過程中，採取等權重組合，非賣空投資組合與賣空投資三種模式構建投資模型，並進行對比（表 8-6）。結果表明，由於大宗商品表現波動較大，除了夏普比率有所改善外，其他方面變化不大。在引入賣空機制後，投資組合收益率有所改善，但波動率也隨之加大。

表 8-6　　　　　　股、債和大宗商品大類資產組合市場表現

參數	等權重組合	調整後投資組合（非賣空）	調整後投資組合（賣空）
年化收益率	3.21	4.45	5.97
波動率	13.47	3.67	4.69
夏普比率	0.07	0.52	0.82

（5）結論

在家族財富配置過程中，如何配置大類資產是需要解決的問題。通過合理的選取大類資產種類，動態調整資產配置權重，有助於提升投資組合收益，降低組合風險。從國外的情況來看，無論是大類資產配置的範圍，還是可供選擇的金融產品種類都較為豐富，投資組合構建更加多元，有助於提升綜合收益水準。而國內資產配置的應用剛剛起步，可配置資產範圍較窄，可選取的金融產品較為有限，同時由於雙重收費機制等問題也大大影響了資產配置收益的水準。

8.3　大類資產配置進一步探索視角

大類資產配置理論在國外已經發展較為成熟，在資產管理機構業務實踐中廣泛運用，並且不斷完善。比如 Adle & Kritzman（2007）提出的 Full-scale 模型，開闢了新的思路，即打破傳統量化投資策略模型中關於收益分佈假設條件的限制，而從投資者效用和效用函數的角度出發，尋找能夠實現最大期望效用的資產組合。Lee（2011）提出了貝塔投資組合策略（portfolio beta），通過將各種資產的投資權重與該資產相對於整個組合的貝塔系數成反比，構建出特殊的風險平價組合。耶魯基金通過增加高價值、低流動性因子在投資中的比重，配置於私募基金、對沖基金等另類資產，一定程度上實現了超額收益。

而國內由於金融市場的發展時間還較短，市場還不夠成熟，資產管理機構在投資時更看重擇時、擇券因素，而忽略資產配置的重要性。但是，隨著社保、保險等中長期機構投資者市場的崛起，大類資產配置的重要性和創新將如期而至。信託公司也應該重視該領域的研究，嘗試構建出更適用於家族信託這類特定資產管理業務的配置模型和策略。

9 基於 FOF、MOM 模式的家族信託微觀資產配置

信託公司管理的家族信託產品在宏觀大類資產配置策略和框架確定基礎上，針對不同類型的資產類別，需要通過 FOF、MOM 等模式篩選外部專業投資管理人，通過配置不同種類的投資基金，使資產組合的非系統性風險進一步降低，獲取超額回報。在這個過程中，關鍵環節是遴選優秀的投資顧問和投資基金產品，信託公司需要搭建基金產品評價體系和備選基金庫，高效篩選投資標的。

9.1 現有基金評級體系分析

在金融市場有著非常豐富的、投資策略各異的基金產品，各類機構以及投資者在進行投資選擇時，需要合理評估各類基金的投資能力和價值。隨著基金市場的不斷發展成熟，目前已經有一批獨立的第三方機構持續進行基金的評級和評價，以通過獨立、客觀地評價基金的管理和運作水準，為投資者進行選擇提供參考。

9.1.1 現有評級機構

在成熟的資本市場中，基金評級機構、股票評級機構和債券評級機構

組成了市場信用評級的三大支柱[①]。以美國市場為例，晨星（Morningstar）、標準普爾、理柏（Lipper）等都是具有代表性的基金評級機構。從國內基金評級市場看，中國證券業協會公示了10家基金評價機構，其中證券投資諮詢機構及獨立基金評價機構3家，分別是晨星、天相投顧、濟安金信；證券公司4家，分別是銀河證券、海通證券、招商證券和上海證券；媒體3家，分別是中國證券報、上海證券報和證券時報。這些基金評級機構都開發出具有自身特點的基金評價體系，並向市場定期發布評價結果，但是，現有評級體系還沒有在市場中真正形成公信力，國內市場還缺乏被廣大投資者認同的評價體系。

9.1.2 現有評級方式

基金評級體系一般先將基金進行分類，再根據所掌握的不同年限的數據，計算出基金月度收益，相對於比較基準計算超額收益；然後通過風險評估，按風險系數計算風險調整收益；最後與其餘評價因子如投資管理能力、流動性風險、基金績效的持續性等分別排序加權，得到各基金的排名；再根據排名確定基金星級。一般來講，基金評級定期（如按月度）進行更新，根據基金業績等綜合表現，給出相對於上一期評級結果的評級變化，包括評級上升、評級不變、評級下降等。

1. 基金分類

基金評級機構在進行基金分類時，不能僅僅參照基金名稱中包含的類型特徵或者基金募集說明書中關於投資範圍、投資比例的描述，而應以基金的實際投資組合為基礎進行考量。因此，就有事前分析和事後分析之分，事前分析方法主要是根據基金約定的投資對象和名字進行劃分。如果基金的投資操作和約定發生偏離，這樣的分類方法則會產生很大的偏差。事後分析就是根據基金的實際投資組合來進行分類的。依據基金投資目標和投資策略的不同，美國投資公司協會（ICI）對美國證券投資基金進行了詳細劃分：其中股票基金9類，債券基金16類，混合基金4類，貨幣市

---

① 羅真. 中國證券投資基金評價體系研究［D］. 武漢：華中科技大學，2004.

場基金 4 類。對於國內的開放式基金，晨星公司根據基金的資產類型，分為 7 類，具體見下表 9-1[①]。

表 8-1　　　　　　　　　　　晨星基金分類

大類	基金類型	說明
股票型基金	股票型基金	主要投資於股票，股票投資占比（資產淨值）≥70%
配置型基金	積極配置型基金	投資於股票、債券以及貨幣市場工具等，且不符合股票型基金和債券型基金的分類標準；固定收益類資產占比（資產淨值）<50%
	保守配置型基金	投資於股票、債券以及貨幣市場工具等，且不符合股票型基金和債券型基金的分類標準；固定收益類資產占比（資產淨值）≥50%
債券型基金	普通債券基金	主要投資於債券，債券投資占比（資產淨值）≥70%，股票投資占比（資產淨值）<20%；且不符合短債基金的標準
	短債基金	主要投資於債券，債券投資占比（資產淨值）≥70%，股票投資占比（資產淨值）<20%；且債券組合久期不超過 3 年
貨幣市場基金	貨幣市場基金	主要投資於貨幣市場工具
保本基金	保本基金	基金有擔保條款，在滿足一定的持有期限後提供本金或收益的保障

基金評級首先對基金類別進行大類劃分，進而確定對同一類別中的所有基金採用同一個業績比較基準，為後續進行業績比較、風險分析等提供基礎。

2. 分析方法

事後分析方法是利用基金運作中所披露的實際數據來確定基金的投資風格。一般來講，基金在半年報、年報中會披露全部持倉情況，根據基金報告披露的數據，進行結構分析或者收益率分析，以此確定基金分類風格，或者進行進一步的細化分類。例如晨星公司還針對股票型基金，結合其投資組合中所持股票的公司股本規模、成長性等進一步細分為大盤、中盤、小盤股，以及成長型、價值型、平衡型股票，進行交叉組合分析，得

[①] 劉海華. 五星級基金業績可持續性實證研究 [D]. 廣州：中山大學碩士論文, 2010.

到更加精準的基金風格。但是，事後分析法也存在不足，主要是基金的信息披露存在較長時間滯後，很難及時反應基金的真實運作情況，影響其分類成果的實際參考價值。

3. 評級對象

在基金評級時，基金評級機構往往需要適當限制基金範圍，以保證同類基金具有可比性，比如晨星評級要求納入評級的開放式基金應具有 2 年及以上業績數據；Micropal 在評定五星基金時，要求基金有 3 年及以上業績數據，且市場中同類基金樣本不少於 5 只。對於傘形結構基金，基金評級機構並不對母基金進行評級，而是對子基金分別評級。

4. 數據選取

基金評級數據來源要真實可靠，並能統一和標準化，以形成具有一致性的評價體系標準。根據美國投資管理與研究協會（AIMR）公布的全球投資評價標準（Global Investment Performance Standards，簡稱 GIPS），從基金的輸入數據、計算方法、投資分類方法、信息披露、報告等五方面做出詳細規定，由此保證基金提交結果的統一性，便於對投資管理人的業績進行比較[①]。在國內基金評級的數據質量要求層面，首先是數據庫的準確性。特別是，由於私募基金的不透明性，在私募基金行業選擇準確的數據庫是一個主要問題。基於不準確數據庫進行評價在很多情況下都是有偏差的。結合市場情況，目前影響數據庫準確性的主要因素有：①審核效率，審核及時的基金比審核不及時的基金有更低的絕對收益偏差；②透明度；③基金經理收益的證明；④收益的計算方式；⑤不同數據庫提供商的數據一致性以及後續版本的連續性，偏差的合理處理，例如基金的數據庫對基金收益的度量受到各種潛在偏差的影響，常見偏差有存續期偏差、回填偏差、選擇性偏差和未更新價格偏差。

9.1.3 存在的缺陷

現有基金評級體系的主要缺點在於：一是有的評級公司為基金公司或

---

① 高鵬. 中國證券投資基金績效評價分析和實證研究 [D]. 武漢：華中科技大學碩士論文，2004.

產品的關聯方或者利益方,不能滿足基金評級機構的獨立性要求;二是基金的星級主要代表了它過去的業績,並不代表著以後會持續取得好的收益;三是中國的公募基金業人才流動頻率加快,對基金評級可能跨越數任基金經理,這會帶來評級偏差;四是評級的週期比較長,所選取的數據往往是3年以上才評級,而國內往往對新基金次新基金比較重視,這會帶來滯後性;五是基金比較基準不統一,評價採用不同基準的基金,結果難免會有所偏差;六是國內基金信息披露與GIPS國標投資績效評價標準有一定的差距,評級樣本數據不足,基於這些數據得到的評級結果,其科學性和實用性存疑;七是評級考慮的方法比較片面,有些方法沒有根據國內證券市場的特點進行調整,沿用了國外評級模型,這使得評級模型與現實存在差異。

9.2 搭建基金評價體系

在大類資產研究的基礎上,信託公司作為FOF、MOM投資管理人在篩選投資標的的過程中,要通過盡職調查及獨立研究,從股票、債券、大宗商品、房地產和金融衍生品等大類資產中,篩選各領域優秀的投資基金,逐步建立基金產品庫、定期跟蹤、更新產品運行及策略調整情況。構建所管理的基金產品及其實際管理人進行綜合評價的「基金評價體系」,是FOF業務的核心工作之一。該體系應以實際管理人為中心,對產品的業績和持倉進行定量研究,對管理人的投資風格,管理水準進行定性研究,通過挖掘未來業績表現出色的產品,並分析它們未來業績的分佈特徵,為FOF管理人組合管理提供依據,如圖9-1所示。

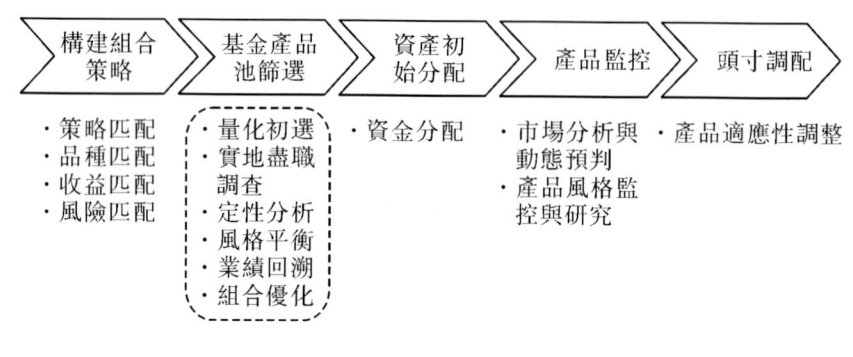

```
構建組合    基金產品   資產初     產品監控    頭寸調配
  策略     池篩選    始分配
```

- 策略匹配   ・量化初選   ・資金分配   ・市場分析與   ・產品適應性調整
- 品種匹配   ・實地盡職   動態預判
- 收益匹配   調查   ・產品風格監
- 風險匹配   ・定性分析   控與研究
           ・風格平衡
           ・業績回溯
           ・組合優化

圖 9-1　FOF 基金產品評價體系及篩選

　　在全面分析現有基金評級體系的基礎上，本書提出新的基金評級和篩選體系構想。在該體系框架下，基金評級包括兩大維度：一是基金業績評價體系，主要考察基金的基本面情況、風險調整收益、擇時選股能力、業績持續性和管理費用水準等；二是基金公司評價體系，重點對基金公司的治理模式、投研體系、內部管理、透明程度等方面進行評價，如圖 9-2 所示。

基金評價體系
├─ 基金業績評價體系
│   ├─ 基本面情況
│   ├─ 風險調整收益
│   ├─ 擇時選股能力
│   ├─ 業績持續性
│   └─ 費用
└─ 基金公司評價體系
    ├─ 治理模式
    ├─ 內部管理
    ├─ 透明程度
    └─ 投研體系

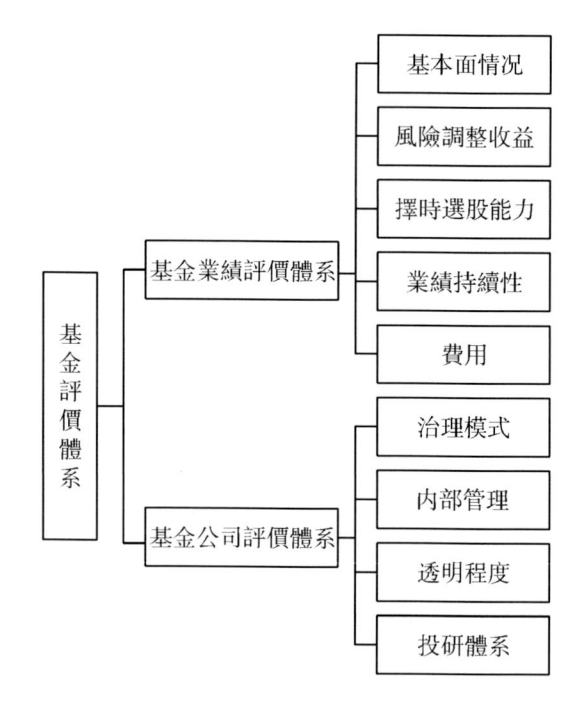

圖 9-2　基金評級和篩選體系框架

9.2.1 基金業績評價

1. 基本面情況

基金基本面主要以持有收益率為基礎，綜合考慮累計分紅和基金規模變化，以及基金資產的流動性。主要有指標有：

①基金淨資產，它反應在某一時點上單位基金份額現有資產的市場價值，度量價值時要考慮是否使用了融資槓桿。

②基金月度收益率，在不考慮稅收、交易費用，以及基金將收益再投資等前提條件下，衡量基金的收益。如果評價期內基金發生份額拆細等情況，則在收益率計算時需要進行調整。

③基金累計分紅，直接反應基金投資的實際獲利情況。

④基金擴募，基金規模的擴張能夠攤薄基金的經營成本。

⑤資產流動性，反應基金資產的變現能力。

綜合上述各項因素，計算形成基金月度收益率。如晨星公司的基金收益率公式為：

$$TR = \left[\frac{N_e}{N_b} \prod_{i=1}^{n} \left(1 + \frac{D_i}{N_i}\right) - 1 \right] \quad (9-1)$$

其中 TR 表示當期基金的總回報率，N_e 表示期末基金單位淨值，N_b 表示期初基金單位淨值，D_i 表示計算期間時點 i 的單位基金分紅額，N_i 表示計算期間時點 i 的分紅再投資依據的基金單位淨值，n 表示計算期內的分紅次數。如果期間基金發生了基金份額拆細，在計算時需要進行調整[①]。

2. 風險調整收益

通過基金淨值增長率衡量業績是眾多基金績效評估方法中最直觀的一項。但是，各類基金由於風格不同，組合中各類投資品種的風險水準差異較大，而風險調整收益指標反應不同類別基金在其所承擔的風險水準下的收益，更能揭示基金的風險收益特徵。風險調整收益通常引入方差（或標準差）、β 系數、下跌風險和風險價值（VaR）等統計指標對基金業績進行

---

① 劉海華. 五星級基金業績可持續性實證研究 [D]. 廣州：中山大學碩士論文，2010.

調整①。比較通用的風險調整收益指標有：

①夏普比率：$S_i = (R_i - R_f) / \sigma_i$；
②特雷諾指數：$T_i = (R_i - R_f) / \beta_i$；
③詹森指數：$J_i = R_i - [R_f + \beta_i (R_m - R_f)]$

其中：R_i 為考察期 i 基金的期望收益率，R_f 為考察期內的無風險收益率，σ_i 為基金組合收益率的標準差，β_i 為基金承擔的系統風險，R_m 表示考察期內市場的平均回報率②。

這些指標都在某種程度上能刻畫證券投資的收益－風險關係，綜合考慮了系統性風險和非系統性風險，但在實際應用過程中，由於假設前提等與市場實際情況存在差距，可能導致指標結果出現較大偏差。此外，還有一些機構嘗試從效用角度對基金收益進行調整和評價。

3. 擇時選股能力

基金分類的假設前提是，劃入同一類型的基金風險特徵具有可比性和很高相似性，因此基金之間的收益差異主要取決於基金經理的投資管理能力，包括選股和擇時能力等。選股能力主要指基金經理能夠主動從市場中挖掘、識別出被低估或高估的股票，納入投資組合；擇時能力則是基金經理根據市場走勢判斷，主動進行資產類型、倉位等控制和調整，從而實現提高收益、規避風險的能力。隨著基金評價模型由單因素模型逐步發展到多因素模型，對基金經理的選股能力和擇時能力也進一步進行了細分。目前應用最廣的有以下三種多因子模型：

①T-M 二次迴歸模型

$$R_{p,t} - R_{f,t} = \alpha + \beta_1(R_{m,t} - R_{f,t}) + \beta_2(R_{m,t} - R_{f,t})^2 + \varepsilon_{p,t} \qquad (9\text{-}2)$$

其中 $R_{p,t}$ 為基金在 t 期的收益率，$R_{f,t}$ 為 t 期的無風險收益率，$R_{m,t}$ 為 t 期市場基準組合收益率，α 代表基金的選股能力指標，β_1 為基金承擔的系統風險係數，β_2 為基金的擇時能力指標，$\varepsilon_{p,t}$ 為隨機誤差。在一定的顯著性水準下，若 α 大於 0，則說明基金經理具有選股能力，且 α 值越大表示選股能力越強；若 β_2

---

① 羅真. 中國證券投資基金評價體系研究 [D]. 武漢：華中科技大學, 2004.
② 丁庭棟, 李富軍. 經典指標夏普比率評析 [J]. 現代商業, 2011 (17): 27-29.

大於 0，說明基金經理具有擇時能力，且 β_2 值越大表示擇時能力越強[①]。

②H-M 雙 beta 超額回報市場模型

$$R_{p,t} - R_{f,t} = \alpha + \beta_1(R_{m,t} - R_{f,t}) + \beta_2(R_{m,t} - R_{f,t})D + \varepsilon_{p,t} \quad (9-3)$$

其中 D 是虛擬變量，當 $R_{m,t} > R_{f,t}$ 時，$D=1$，否則 $D=0$。基金資產組合的 β 值在多頭市場時候為 $\beta_1+\beta_2$，在空頭市場時候變為 β_1。若 α 大於 0，則說明基金經理具有選股能力，且 α 值越大表示選股能力越強；若 β_2 大於 0，則說明基金經理具有擇時能力，且 β_2 值越大表示擇時能力越強。

③C-L 模型

$$R_{p,t} - R_{f,t} = \alpha + \beta_1 \text{MAX}(R_{m,t} - R_{f,t}, 0) + \beta_1 \text{MAX}(R_{m,t} - R_{f,t}, 0) + \varepsilon_{p,t} \quad (9-4)$$

其中 α 為選股能力指標；β_1 為空頭市場時的 β 值，β_2 為多頭市場時的 β 值，$\beta_2 - \beta_1$ 顯著大於 0，則說明基金經理具有擇時能力，其值越大擇時能力越強。

4. 業績持續性

基金業績持續性評價的假設前提是，前期業績優秀的基金能夠在未來期間繼續保持優秀的業績，通常使用基金收益率序列的相關係數檢驗來衡量。如理柏通過 Hurst 指數來對基金業績持續性進行評價：

$$H = \frac{1}{\ln T} ln\left(\frac{Y_{max} - Y_{min}}{\sigma}\right) \quad (9-5)$$

$$m = \frac{1}{T} \sum_{t=1}^{T} R_t$$

$$Z_t = R_t - m$$

$$Y_t = \sum_{s=0}^{t} Z_s$$

$$Y_{max} = \max_{1 \leq t \leq T} Y_t$$

$$Y_{max} = \min_{1 \leq t \leq T} Y_t$$

$$\sigma = \sqrt{\frac{1}{T-1} \sum_{t=1}^{T} (R_t - m)^2}$$

[①] 魏立波. 基於 T-M 模型的中國開放式基金擇時與選股能力實證研究 [J]. 北京交通大學學報（社會科學版），2010，9（2）：73-18.

其中 R_t 表示第 t 個月的投資回報，Hurst 指數除了用來衡量收益序列曲線的粗糙程度（波動性）以外，還根據 Hurst 指數的高低，計算基金有效回報來判定基金的獲利能力。

（5）費用

基金費用的高低是衡量基金運作效率和成本的重要指標，高額的費用導致更低的基金淨回報。通常來講，基金費用主要包括基金管理費、託管費、銷售費、交易費和營運費等。

9.2.2 基金公司評價

與基金業績評級體系相比，基金公司評價體系涉及對其公司治理、投資決策流程、投資管理團隊的經驗、風險控制等方面的綜合衡量，主要通過調查、訪談、資料分析等方式進行，以定性評價為主。

1. 治理模式

基金公司的持續發展需要有相對穩定的投研團隊。如果基金經理頻繁變化，並不利於公司的穩定發展。因此，評價治理模式時需要考察團隊核心成員的穩定性、投資理念和風格的一貫性、投資流程的穩定性等方面。一是關注基金經理的任職年限。目前市場上每個基金經理平均管理 2 個產品，管理規模約 45 億元；基金經理平均從業時間較短，平均任職年限約 1.6 年；基金經理流動性比較頻繁，小基金公司基金經理的平均離職率更高。二是關注基金經理的投資決策模式，有些機構採取基金經理獨立負責制，這種運作模式下更換基金經理對基金的績效影響會比較大。三是關注基金公司的激勵約束機制安排，激勵機制也可能會促使基金經理為追求更高的業績而冒更大的市場風險，從而增加持有人的投資風險。

2. 內部管理

基金公司內部治理和管理目標是保障基金份額持有人利益最大化，通過建立規範、科學、完善的內部控制機制和制度，很大程度上能夠決定基金的預期業績是否能夠實現。在對基金公司內部管理進行評價時，一是要通過考察確認基金公司內部管理能夠全面覆蓋各業務、部門、崗位，對各項業務運作全流程覆蓋；二是公司運作部門相對獨立，決策系統有良好的

制衡機制，能夠實現業務與信息有效隔離；三是未發生操作風險，損害基金持有人利益行為等。

3. 透明程度

基金公司掌握著更多的市場信息，存在基金經理利用優勢信息謀取私利的可能。從保障基金份額持有人利益角度考慮，應要求及時、準確、充分的信息披露，但過度的信息披露也可能對基金經理投資運作帶來一定的負面影響。因此，保持合理的透明度對基金公司運作十分重要。在對基金公司透明度進行考察時，要關注公司信息披露制度的完備性，是否有專門部門或崗位負責信息披露工作；信息組織、審核、發布流程的規範性；披露信息的真實、準確、完整、及時性；是否有重大違規事件等。

4. 投研體系

基金研究部門的分析判斷，是確定投資組合的依據，其行業分析和上市公司分析是基金經理進行投資判斷的基礎。在基金公司投研體系評價時，需要重點考察研究部門的投資支持能力。一是分析研究部門的職責、人員、研究成果與市場表現的契合度等；二是投研體系對基金投資目標、策略、決策等支撐程度，確保重要投資要有詳細的研究報告和風險分析支持，並有決策記錄，投資應在設定的風險權限額內進行投資決策等。

9.2.3 綜合評級

按照基金評級體系各項指標評定之後，賦予每項指標一定權重，按綜合計算結果進行排序和等級劃分，作為投資選擇的依據。此外，還要注意即使處於相同等級，但年限不同的基金在業績和經營能力上的差異性，必要時可通過將基金營運年限作為重要考察因素直接納入基金評級和篩選體系中[1]。

---

[1] 例如晨星公司的做法是：基金設立不到 3 年時不進行評價；設立 3~5 年時，過去 3 年的業績表現的權數是 100%；基金設立 5~10 年時，過去 3 年的業績表現的權數是 40%，過去 5 年的業績權數 60%；當基金超過 10 年時，過去 3 年的業績表現的權數是 20%，過去 5 年的業績表現的權數是 30%，過去 10 年業績表現的權數是 50%。

9.3　FOF 組合動態管理和風險控制

9.3.1　組合動態管理

構建多元化、分散化的投資風格,要求組合內各產品的相關性較弱,且收益來源多樣化,以此來分散投資組合的非系統風險;對產品的業績進行歸因分析,深入瞭解產品投資流程和分析管理人的投資技巧(擇時和選股能力);對產品的投資風格進行分析,通過交易、持倉等信息分析產品業績波動的原因,瞭解實現產品業績的背後動因。

初始組合構建完成後,受託人會根據市場狀況發生的變化,以及各個投資標的自身發生的變化,進行組合的調整以實現組合優化。組合調整包括組合配比調整和更換投資標的,調整需要經過大量分析研究後做出審慎決定,並建立在基於集體智慧的投研決策體系的基礎上。

9.3.2　組合風險管理

信託公司應定期對家族信託的投資基金產品進行全面風險評估。定期結合宏觀經濟形勢、市場、政策環境變化,對投資組合中不同基金類別、基礎資產類型的風險情況進行跟蹤分析,對於標準化股票、債券等為基礎投資品的基金,應重點關注市場波動風險;對於以非標準化債權、另類資產為基礎投資品的基金,應結合融資客戶的經營管理狀況對產品的兌付風險、信用風險和流動性風險等進行衡量,進行風險預防處理。同時,加強與客戶的聯繫,依據信託合同約定定期提供信託營運和投資管理情況,遇有對受益人利益重大影響的突發事件時,應及時做好信息披露。

9.4 MOM 模式在家族信託微觀配置中運用

MOM 模式作為 FOF 的重要分支之一，由關注投資基金標的轉為關注標的基金經理本身，自 20 世紀 80 年代在美國由羅素資產管理公司最早創立以來，隨著養老基金、企業年金、保險資金等機構投資者的重視和運用，在金融市場中得到快速發展。中國在 2012 年開始引入和推出 MOM 產品，目前主要集中於基於私募基金的 MOM 產品，近幾年隨著銀行委外投資業務的發展，MOM 業務也呈現較快發展態勢，為家族信託微觀配置提供了重要的創新思路。

9.4.1 MOM 模式的基本特點

MOM 模式是指通過長期跟蹤和挑選市場中不同資產類別及投資風格下的優秀的基金經理，結合機構對於未來大類資產市場發展趨勢的預期，從中篩選出具有穩定投資理念和風格，並能夠在特定資產領域創造超額回報的基金經理，將機構所管理的資金分配給選定的基金經理進行投資管理，通過持續跟蹤、評估基金經理的業績表現，從而實現自身的投資目標。MOM 模型具有以下特點：

1. 資產配置的多元化

MOM 模式能夠避免基金管理人自身在不同資產和市場領域的能力短板限制，可以通過多元化的基金管理人篩選，實現在股票、債券、衍生品、不動產、另類投資等多領域的投資，而且可以構建差別化的投資策略組合，進一步提高投資的分散化程度，更好地實現資產配置的目標要求，降低投資組合風險，確保收益的穩定性。

2. MOM 管理人要求高

MOM 模式不僅僅要能篩選出在特定資產、特定策略領域的優秀基金管理人，還需要作為 MOM 管理人能夠準確跟蹤、評價標的基金管理人，防

止單個基金管理人的判斷失誤、道德風險等主客觀因素而影響整個 MOM 基金的運作；同時，MOM 業績的好壞在更大程度上還要取決於 MOM 管理人對於宏觀大勢的良好判斷和把握，並能夠及時進行正確的調整，這無疑對 MOM 管理人提出了相當高的要求，也增大了 MOM 模式成功運作的難度。

3. MOM 管理前期投入較高

MOM 模式是通過長期跟蹤基金經理的投資風格、業績，結合定性、定量的方法來找出最佳的基金經理。在目前中國基金市場上，公募基金普遍面臨基金經理任職期限短、工作變動快、流動性強的特點，個人投資理念和投資策略的業績持續性、關聯性較弱，而私募基金市場管理人信息透明度較低，因此這都給 MOM 管理人進行基金經理信息、行為的跟蹤分析造成了很大難度，需要耗費大量的人力、物力，而且實際效果還很難得到驗證。

9.4.2　MOM 模式的運作框架

信託公司家族信託業務中可以借助 MOM 模式進行投資管理，通過對基金經理的投資管理能力的綜合跟蹤，以篩選合格的基金經理作為合作夥伴，委託其進行資產配置管理；在組合執行過程中，信託公司通過即時風控、交易分析、風險預算管理、權重調整、過渡期管理以及基金經理更換等措施，對組合實施動態管理，適時做出相應調整，確保與投資目標、受益人風險偏好相匹配[①]。

1. 基金經理篩選

MOM 模式中一般通過定量與定性結合的方法從多個維度來篩選能夠持續創造超額收益且投資風格穩定的基金經理。量化指標主要考察基金經理所管理基金的 α 值、β 值、詹森指數等風險績效指標，通過歷史業績的分析統計，篩選出具有較長時期良好業績表現的基金經理。在定性分析方面，需要對基金經理的心理狀態、性格、專業能力等進行評估，重點關注

---

① 李滬生.「三多」特徵 MOM 模式 捕捉全市場投資機會 [N]. 中國基金報，2016-5-16.

基金經理實現投資增值的能力。

2. 組合的動態管理

MOM 組合構建後，通過母子帳戶的形式，將資金分配給不同基金經理所管理的子帳戶中，根據基金經理的指令進行投資運作；MOM 管理人即時監控各個子帳戶基金管理人的投資風險和業績表現，並根據階段性策略對資產配置進行動態管理，對於在特定資產、策略類別中業績表現持續差、出現較大偏差的基金經理及時進行替換，以實現投資目的。

10　結論和不足之處

10.1　結論

　　本書以家族信託的產品設計和投資管理問題為重點，在對現有家族信託、資產管理、財富管理等相關理論、實踐等文獻進行回顧基礎上，依託生命週期理論、現代投資組合理論，以及基於現代投資理論在信託法律領域中融合產生的「謹慎投資人」規則，重點針對以下幾方面問題進行了論證，並得出如下結論。

　　一是系統論述了家族信託業務與目前信託公司開展的以投融資服務為核心的金融信託業務的差異。首先，家族信託的信託財產更加複雜、多元化，而投融資服務為核心的金融信託業務仍現金資產為主。其次，家族信託的受託人比較多元化，根本原因在於很難將家族信託簡單歸類於營業信託還是民事信託，在信託財產長期風險管理過程中，為實現財產的保值必須依託專業化的投資管理運作，由此家族信託在民事信託或營業信託特徵的側重性差異也就決定了受託人類型的豐富性。最後家族信託管理的複合性，既包括對信託財產的投資管理等金融性服務，也包括對家族治理、子女教育、家族文化傳承、慈善公益等家族事務性事務，對受託人提出了更高要求。

　　二是信託制度的功能運用與一國的經濟發展水準、人口結構狀態緊密

相關，同時也會受到政治、法律、社會等其他因素的影響。本書通過對日本信託業的歷史脈絡梳理和相關指標對比分析，提出中國目前已經進入信託融資功能和財產管理功能混合發展的階段，而且由於中國老齡化深度又與經濟發展水準進展不同，得出家族財富管理需求已經進入萌發階段的判斷，並對目前家族信託市場的需求特徵、資產管理機構和產品的供給特徵以及市場發展概況進行了論述。本書梳理了信託公司目前開展家族信託的兩種基本模式，並結合對一些重點機構業務調研，對當前的家族信託業務實踐情況進行了介紹。

　　三是家族信託是以客戶為中心的信託業務，信託公司需要從客戶識別、盡職調查等開始「瞭解你的客戶」，進行需求分析，然後才能開展針對性的信託產品和投資方案設計。本書重點分析了家族信託客戶盡職調查與一般金融產品銷售中客戶調查的差異性，信託公司作為營業信託受託機構，接受金融監管部門監管，因此在導入客戶時首先需要按照《反洗錢法》等規範對客戶進行識別和盡職調查，進行風險承受能力評估；而更為重要的是，家族信託客戶盡職調查還需要加強對擬信託財產的核實確認、委託人設立信託動機的合法性、以及家族信託擬設定的受益人範圍等特殊要點的深入核查。針對中國家族信託潛在客戶的財產中不動產、股權等非現金性資產類型，由於信託財產登記、信託稅收等配套制度還不健全，導致交易成本居高不下，本書重點論述了在現有法律法規框架下，這類財產交付的產品設計問題。

　　四是結合現代投資組合理論以及「謹慎投資人規則」，本書提出從投資目標和原則、信託投資策略、資產配置策略、風險管理規則等四方面來搭建家族信託的謹慎投資規則框架。其中，投資目標方面要堅持資產保值和收益性目標，充分考慮通貨膨脹對信託財產保值的影響；投資原則方面強調受託人要開展分散化投資，應符合信託文件的規定、既定受益人或信託的目的、與受益人的風險承受能力相匹配；在信託投資策略上應完善規範決策程序和管理規則，根據需要選擇消極或積極策略，創建及修正資產配置的模型、標準和方法、審批和監控程序等；風險管理方面強調對風險進行審慎管理，通過分散投資規避非系統性風險，實現風險與收益均衡，

在聘請外部顧問機構提供服務支持時，受託人應確保對投資目標、投資策略和計劃等關鍵環節必須親自執行等。此外，針對股權、不動產等特殊類型資產的投資管理進行了系統論述。

五是針對家族信託的資產配置問題，從宏觀配置、微觀配置兩個層面展開論述。其中：宏觀配置主要是決定哪些投資種類按照什麼樣的比例被包含在信託的投資組合中，本書在簡要回顧大類資產配置理論脈絡基礎上，重點結合風險平價策略的方法，對其在家族信託大類資產配置中應用的可行性、方法思路進行了實證性分析。微觀配置是在宏觀配置確定的資產類別和比例基礎上，如何將信託財產配置到具體資產類別、品種上。基於大類資產配置工作的基礎，本書提出信託公司在微觀配置層面應該揚長避短，針對自己比較熟悉的地產、政信平臺、股票質押融資、結構化證券投資優先級等非標債權融資業務領域，可發揮自主投資的專長，甚至根據信託文件約定，或委託人、受益人或其指定的信託保護人等同意，信息充分披露，公平定價等基礎上可以投資自己發起設立的該類信託產品；但針對股票、債券等標準化產品，藝術品、貴金屬、商品等其他另類投資領域，則需要借助外部專業投資管理人的力量，通過 FOF、MOM 等創新模式展開投資管理運作，本書還重點就如何搭建基金評價體系、進行基金組合的動態管理和風險控制等進行了論述。

10.2 不足之處

本書還存在以下不足：

一是由於信託公司家族信託業務剛剛起步，雖然在業務模式上有所突破，但無論是資產的積極投資管理還是家族事務的處理等方面的能力仍比較有限，現有實踐案例較少，一定程度上制約了將現代投資理論等成熟資產配置方法、工具在這一領域的深度運用。

二是從國外實踐看，家族信託中財產保護和傳承目的占據主要地位，

許多涉及家族事務處理、家族治理、文化傳承、公益慈善等方面，法律、稅務等專業服務需求突出，財產的保值增值甚至處於較次要的位置。尤其是家族信託財產以不動產、股權等非現金類資產為主要構成時，情況更是如此，因此本書所提出的資產配置和投資組合思路，雖然在謹慎投資原則、大類資產配置中將客戶交付的非現金類資產納入整體框架，但並未作為重點展開分析。

三是目前家族信託市場呈現多元化發展特點。一些海外上市企業的股東主要通過在中國香港、新加坡、BVI（英屬維京群島）等境外離岸地區設立家族信託，適用當地法律和司法管轄；而國內主要是一些富裕人士嘗試設立家族信託，進行家庭財產安排，信託財產以資金為主，保值增值需求仍然較為突出。由於信託法制建設時間較短，信託財產登記、信託稅收等配套制度不健全，制約了家族信託的創新發展和研究空間。

四是本書嘗試對家族信託資產配置從宏觀配置和微觀配置兩個方面分別進行分析，並就如何開展大類資產配置、構建基金或基金管理人篩選評價機制等進行了嘗試。由於信託公司目前投資與研究能力、實際業務開展的範圍還較為有限，而且國內多層次資本市場、金融市場改革還在不斷改革變化中，對國外一些成熟的資產配置工具、方法在國內市場的運用還需進一步研究驗證。

五是近幾年家族信託潛在客戶對於資產全球化配置、加大海外投資等需求較為旺盛，雖然信託公司能夠利用受託境外理財（QDII）等業務方式為客戶提供境外投資配置服務，但一方面QDII投資範圍較窄、投資額度有限等問題比較突出；另一方面信託公司自身在海外市場的投資管理能力短板也十分明顯。未來如何為家族信託客戶提供全球化配置服務，也是進一步研究值得關注的問題。

參考文獻

[1] BRINSON G P, HOOD L R, BEEBOWER G L. Determinants of portfolio performance [J]. Financial analysts journal, 1986, 42 (4).

[2] BRUNEL J L P. Integrated wealth management: the new direction for portfolio managers [M]. London: Euromoney Books, 2006a.

[3] CAMPBELL J Y. Household finance [J]. Journal of finance, 2006 (61): 1553-1604.

[4] TREVOR GREETHAM, MICHAEL HARTNETT. Investment clock [R]. Merrill lynch, 2004.

[5] MODIGLIANI F, BRUMBERG R. Utility analysis and the consumption function: An interpretation of cross-section data [J]. The collected papers of franco modigliani, 1954, 6.

[6] Uniform prudent investor act [EB/OL], 1992, https://www.fdic.gov.

[7] Uniform prudent management of institutional funds act [EB/OL], 2006, http://uniformlaws.org.

[8] AIMA. Guide to sound practices of funds of hedge funds [J]. Managers. 2009 (4).

[9] JOSEPH G NICHOLAS. Hedge fund of funds investing: an investor's guide [M]. Bloomberg Press, 2004.

[10] Total portfolio performance attribution methodology [R/OL]. Morn-

ingstar methodology paper，2013（5）.

［11］Multi–manager investing［EB/OL］. https：//russellinvestments. com.

［12］霍，羅濱遜. 個人理財規劃［M］. 北京：中國金融出版社，2003.

［13］霍爾曼，羅森布魯姆. 個人財富管理計劃［M］. 北京：中國金融出版社，2014.

［14］萊斯. 另類投資［M］. 北京：機械工業出版社，2014.

［15］邦納. 家族財富［M］. 北京：機械工業出版社，2013.

［16］伯恩斯坦. 投資新革命［M］. 北京：機械工業出版社，2010.

［17］達斯特. 資產配置的藝術：所有市場的原則和投資策略［M］. 北京：中國人民大學出版社，2014.

［18］埃文斯基，霍倫，羅賓遜. 新財富管理［M］. 北京：機械工業出版社，2014.

［19］埃文斯基. 財富管理：理財顧問客戶投資管理指南［M］. 北京：中信出版社，2011.

［20］賴利，布朗. 投資分析與組合管理［M］. 北京：中國人民大學出版社，2011.

［21］甘農. 家族財富稅收優化：高淨值客戶投資策略［M］. 北京：機械工業出版社，2014.

［22］施瓦茨，希勒斯特羅. 家族財富傳承：智慧財富［M］. 北京：東方出版社，2013.

［23］威利斯. 家族財富傳承：駛離財富陰暗帶［M］. 北京：東方出版社，2013.

［24］伯恩斯坦. 投資的四大支柱：建立長贏投資組合的關鍵［M］. 北京：中國人民大學出版社，2014.

［25］伯恩斯坦. 有效資產管理［M］. 北京：機械工業出版社，2014.

［26］坎貝爾，萬斯勒. 戰略資產配置——長期投資者的資產組合選擇［M］. 上海：上海財經大學出版社，2004.

141

[27] 休斯. 家族財富傳承：富過三代 [M]. 北京：東方出版社, 2013.

[28] 科勒迪. 私人銀行：如何於競爭性市場上實現卓越 [M]. 北京：中信出版社, 2015.

[29] 梅耶爾, 馬森內特. 超越J曲線：私募股權基金投資組合管理 [M] 》. 北京：經濟科學出版社, 2008.

[30] 北京信託課題組. 家族信託研究 [C]. 中國信託業協會2014年專題研究報告, 2014.

[31] 蔡明超, 楊瑋沁. 考慮背景風險的生命週期投資模型評述——兼論居民投資者風險教育 [N]. 證券市場導報, 2011 (3).

[32] 蔡汝溶. 國內信託轉型樣本：家族信託與家族辦公室 [J]. 中國銀行業, 2014 (12)：94-95.

[33] 曹彤, 張秋林. 中國私人銀行 [M]. 北京：中信出版社, 2011.

[34] 曾輝. 家族信託基金：受富人青睞的基金 [J]. 金融博覽（銀行客戶）, 2008 (10)：74-74.

[35] 陳進. 中國家族信託現狀與完善機制研究 [C]. 2015年信託行業研究報告, 2015.

[36] 陳勝. 家族信託的功能實現與法律困境 [Z], 中國銀行法學研究會信託法專業委員會會員通訊（第二期）, 2014 (12).

[37] 陳婷, 熊軍, 趙楊. 經濟週期與養老基金戰術資產配置研究 [J]. 生產力研究, No. 227 (6)：24-26.

[38] 陳瑩, 武志偉, 顧鵬. 家庭生命週期與背景風險對家庭資產配置的影響 [J]. 吉林大學社會科學學報, 2014 (5)：73-80.

[39] 丁鵬. 金融創富：互聯網+時代的財富管理與策略 [M]. 北京：電子工業出版社, 2015.

[40] 丁庭棟, 李富軍. 經典指標夏普比率評析 [J]. 現代商業, 2011 (17)：27-29.

[41] 杜春越, 韓立岩. 家庭資產配置的國際比較研究 [J]. 國際金融研究, 2013 (6)：44-55.

［42］高明，劉玉珍. 跨國家庭金融比較：理論與政策意涵［J］. 經濟研究，2013（2）：134-143.

［43］高鵬. 中國證券投資基金績效評價分析和實證研究［D］華中科技大學碩士論文，2004.

［44］韓良. 家族信託法理與案例精析［M］. 北京：中國法制出版社，2015.

［45］何寶玉. 英國信託法原理與判例［M］. 北京：法律出版社，2001.

［46］華琦，席海霞. 生命週期基金產品與養老金管理［J］. 上海國資，2015（11）：94-97.

［47］賈紅波，王群航. 私募證券FOF［M］. 北京：中信出版社，2017.

［48］賈旭輝. 私人銀行的全權委託資產管理業務［J］. 中國信用卡，2014（8）：70-71.

［49］建信信託. 中國家族信託白皮書［R］. 2015.

［50］蔣松丞. 家族辦公室與財富管理：家族財富保護、管理與傳承［M］. 廣州：廣東人民出版社，2015.

［51］蔣松榮，鐘磊，楊枝煌. 中國私人銀行客戶需求結構分析-財富管理視角［J］. 西南金融，2013（3）：31-45.

［52］雷曉燕，周月剛. 中國家庭的資產組合選擇：健康狀況與風險偏好［J］. 金融研究，2010（1）.

［53］李滬生.「三多」特徵MOM模式 捕捉全市場投資機會［N］. 中國基金報，2016-5-16.

［54］李君平. 私人財富管理研究述評與展望［J］. 外國經濟與管理，2014，36（8）：73-81.

［55］李心丹，肖斌卿，俞紅海，宋建華. 家庭金融研究綜述［J］. 管理科學學報，2011（4）：74-85.

［56］李超. 家族信託發展瓶頸待解［N］. 中國證券報，2013-12-18.

［57］連永先. 淺析客戶身分識別與客戶盡職調查［J］. 金融發展研

究，2010（11）：43-45.

[58] 林採宜. 財富管理業務現狀 [EB/OL]. http：//www.cf40.org.cn/.

[59] 林珊珊. 中國經濟波動特徵的研究——基於 ARCH 類模型 [J]. 時代金融，2015（4）：257-259.

[60] 劉澄，王楊. 財產傳承類家族信託模式及其產品設計 [J]. 會計之友，2015（4）：12-15.

[61] 劉海華. 五星級基金業績可持續性實證研究 [D]. 廣州：中山大學，2010.

[62] 羅真. 中國證券投資基金評價體系研究 [D]. 武漢：華中科技大學，2004.

[63] 美國美林集團. 世界巨富的理財經 [M]. 北京：中國人民大學出版社，2009.

[64] 潘衛東. 財富管理：信託業發展之路 [J]. 中國金融，2013（21）：50-52.

[65] 邱峰. 財富傳承工具之抉擇-家族信託模式探析 [J]. 新金融，2014（12）.

[66] 任丁秋. 私人銀行業與資產管理：瑞士的範例 [M]. 北京：經濟科學出版社，1999.

[67] 任軍. 探索建立以資產管理為核心的私人銀行業務經營模式 [C]. 上海金融改革理論與實踐—2013年上海金融業改革發展優秀研究成果匯編. 上海：上海交通大學出版社，2014.

[68] 盛偉華. 基於長波經濟週期的戰略資產配置及實證分析 [J]. 金融與經濟，2010（6）.

[69] 唐珺，朱啓貴. 家庭金融理論研究範式述評 [J]. 經濟學動態，2008（5）：115-119.

[70] 汪其昌. 家族信託基金：私人銀行的業務突破口 [J]. 金融管理與研究，2011（8）：38-40.

[71] 王都富. 中國富裕階層金融行為研究——基於財富管理的視角

[M]. 北京：中國金融出版社，2012.

[72] 王洪棟，張光楹，廉趙峰. 財富管理與資產配置. 北京：經濟管理出版社，2013.

[73] 王建文，徐興旺. 基於風險-收益理論的財富管理產品評價體系研究[J]. 商業研究，2014（9）.

[74] 王敬，王穎. 機構投資者資產配置方法研究[J]. 價值工程，2006，25（2）：115-119.

[75] 王濤. 論慈善組織高管的謹慎義務[J]. 北京航空航天大學學報（社會科學版），2017（3）：58-65.

[76] 王小剛. 富一代老了怎麼辦-財富規劃與信託安排. 北京：法律出版社，2012.

[77] 王小平. 商業銀行高端個人客戶群資產配置研究[D]. 上海：東華大學，2011.

[78] 王玉國. 新常態下的轉型方向及建議[J]. 當代金融家，2016（1）：76-78.

[79] 王玉國. 基於風險平價策略的高淨值客戶資產配置研究[J]. 北京社會科學，2018，No. 182（6）：121-130.

[80] 王玉國. 資管新規下的信託業發展[J]. 中國金融，2018（1）：79-80.

[81] 王玉國. 老齡化背景下養老信託的功能與模式創新[J]. 山西財經大學學報，2018（S1）：5-8.

[82] 王玉國，楊曉東. 慈善信託在中國的發展和業務模式分析[J]. 西南金融，2017（5）：65-70.

[83] 王玉國，鄧陽. 資管市場交叉性金融產品演進與發展分析[J]. 清華金融評論，2016（7）：87-90.

[84] 王玉國. 再談信託登記體系設計：由此岸到彼岸[EB/OL]. 財新網，2017-9-12.

[85] 王玉國. 非標資產流轉市場的演進趨勢[EB/OL]. 財新網，2017-6-18.

[86] 王玉國. 信託登記制度的期盼與困惑 [EB/OL]. 財新網, 2016-1-14.

[87] 王增武, 黃國平, 陳松威. 財富管理的內涵、理論與實證 [J]. 金融評論, 2014 (6): 113-120.

[88] 王增武, 王伯英. 財富管理業的宏觀框架與微觀機理（上）[J]. 銀行家, 2015 (3): 122-125.

[89] 王增武, 王伯英. 財富管理業的宏觀框架與微觀機理（下）[J]. 銀行家, 2015 (4): 128-132.

[90] 王眾. 美國信託受託人投資行為規範及其對中國的啟示-以謹慎投資者規則為視角 [J]. 科學經濟社會, 2014 (4): 149-153.

[91] 魏立波. 基於 T-M 模型的中國開放式基金擇時與選股能力實證研究 [J]. 北京交通大學學報（社會科學版）, 2010, 9 (2): 73-78.

[92] 魏先華, 張越豔, 吳衛星, 肖帥. 中國居民家庭金融資產配置影響因素研究 [J]. 管理評論, 2014 (7): 20-28.

[93] 吳衛星, 丘豔春, 張琳琬. 中國居民家庭投資組合有效性: 基於夏普率的研究 [J]. 世界經濟, 2015 (1): 154-172.

[94] 吳衛星, 王治政, 吳錕. 家庭金融研究綜述——基於資產配置視角 [J]. 科學決策, 2015 (4): 69-94.

[95] 吳衛星, 易盡然, 鄭建明. 中國居民家庭投資結構: 基於生命週期、財富和住房的實證分析 [J]. 經濟研究, 2010 (S1): 72-82.

[96] 席月民. 中國當前信託業監管的法律困境與出路 [C]. 金融法學家（第二輯）, 2010 (10).

[97] 肖風. 投資革命: 移動互聯時代的資產管理 [M]. 北京: 中信出版社, 2014.

[98] 謝玲麗, 張鈞. 中國家族辦公室: 家族（企業）保護、管理與傳承 [M]. 廣州: 廣東人民出版社, 2015.

[99] 興業銀行和 BCG. 中國私人銀行 2016: 逆勢增長 全球配置 [R/OL]. http://www.bcg.com.

[100] 徐孟洲. 信託法學 [M]. 北京: 中國金融出版社, 2004.

[101] 楊朝軍, 陳浩武, 楊瑋沁. 長期投資者收益可預測條件下戰略資產配置決策-理論與中國實證 [J]. 中國管理科學, 2012, V（3）: 63-69.

[102] 葉菲. 在本土化實踐中尋求金融創新——國內私人銀行業務評析與展望 [J]. 新金融, 2009（8）: 35-40.

[103] 英大國際信託有限責任公司課題組. 家族信託: 財富傳承的奧秘 [M]. 北京: 經濟管理出版社, 2015.

[104] 於濤. 行為金融學角度下中國私人財富管理研究 [J]. 北方經貿, 2014（5）.

[105] 於霄. 家族信託的法律困境與發展 [J]. 南京大學法律評論, 2014（春季卷）.

[106] 袁吉偉. 生命週期、財富傳承與家族信託-長期視角下的家族財富發展研究 [J]. 內蒙古金融研究, 2013（10）: 47-55.

[107] 袁田. 信託多元化配置新趨勢 探源家族信託的資產配置理念 [J]. 當代金融家, 2016（6）.

[108] 張傳良. 中國家族信託的需求分析與市場定位 [J]. 現代經濟信息, 2014（11）.

[109] 張傳良, 鮑新中. 財產保護類家族信託模式及其產品設計 [J]. 金融理論與實踐, 2015（3）.

[110] 張敏. 信託受託人的謹慎投資義務研究 [M]. 北京: 中國法制出版社, 2011.

[111] 張曉婧, 劉茜, 張興榮. 私人銀行家族理財室: 財富金字塔塔尖上的明珠 [J]. 國際金融, 2012（7）: 29-37.

[112] 張學勇, 張琳. 大類資產配置理論研究評述 [J]. 經濟學動態, 2017（2）: 139-149.

[113] 趙柏功. 資產配置視野下的委託投資業務框架比較分析 [J]. 中國城市金融, 2016（4）: 46-48.

[114] 趙亞奎. 信託與財富的代際傳承: 當前的問題及出路 [J]. 國際金融, 2011（9）: 20-24.

［115］鄭宏泰，周文港，高皓. 家族企業治理：華人家族企業傳承研究［M］. 北京：東方出版社，2013.

［116］鄭木清. 證券投資資產配置決策［M］. 北京：中國金融出版社，2003.

［117］鄭振龍，陳志英. 現代投資組合理論最新進展評述［J］. 廈門大學學報（哲學社會科學版），2012（2）：17-24.

［118］中國農業銀行私人銀行部. 私人財富傳承與保障法律問題解決方案［M］. 北京：人民出版社，2014.

［119］新財道財富管理股份有限公司. 家族財富管理之道［M］. 北京：中國金融出版社，2017.

［120］朱小川. 英美資產管理業謹慎人原則及其發展［J］. 中國貨幣市場，2011（9）：20-24.

［121］鄔紅、喻開志. 家庭金融資產選擇：文獻述評與研究展望［J］. 金融理論與實踐，2008（9）：92-96.

［122］鐘向春. 中國營業信託受託人謹慎義務研究［M］. 北京：中國政法大學出版社，2015.

致　謝

自博士畢業參加工作已過十五年，一直從事信託金融研究相關工作。隨著時間的流逝，我越發感受到工作與學校生涯的不同，知識系統性更新的迫切需求益發強烈。有幸拜於楊丹教授門下。轉眼之間已逾兩年，博士後在站工作順利完成，收穫頗豐，感慨良多。

首先，感謝我的導師楊丹教授兩年來的培養與指導。楊丹老師學識淵博、待人平易、治學嚴謹，雖然工作事務十分繁忙，但仍抽出寶貴的時間，從出站報告的選題、研究方案制訂、報告寫作及修改進行認真細緻的指導，並針對性地指出與報告主題相關的一些關鍵問題，提出許多中肯的意見，如國內家族信託與境外家族信託的區別，信託財產登記等法律環境基礎、遺產稅對家族信託發展的影響，以及信託公司家族信託產品的競爭優勢和前景，等等。有緣受教於楊老師門下，感謝老師的耳提面授，在此向恩師表示深深的敬意和衷心的感謝！

感謝我的家人一直以來對我學習、工作給予了充分的支持和理解！

最後，感謝本書在付梓過程中付出大量精力的各位編輯老師，感謝您們在文字校對、文稿潤色、出版安排等方面給予的巨大幫助！

王玉國

國家圖書館出版品預行編目（CIP）資料

中國家族信託的產品創新與投資管理 / 王玉國 著. -- 第一版.
-- 臺北市：財經錢線文化，2019.10
　　面；　公分
POD版

ISBN 978-957-680-387-1(平裝)

1.投資信託 2.投資管理 3.家族企業 4.中國

563.3　　　　　　　　　　　　　　　　　108016732

書　　名：中國家族信託的產品創新與投資管理
作　　者：王玉國 著
發 行 人：黃振庭
出 版 者：財經錢線文化事業有限公司
發 行 者：財經錢線文化事業有限公司
E - m a i l：sonbookservice@gmail.com
粉 絲 頁：　　　　網　址：
地　　址：台北市中正區重慶南路一段六十一號八樓 815 室
8F.-815, No.61, Sec. 1, Chongqing S. Rd., Zhongzheng Dist., Taipei City 100, Taiwan (R.O.C.)
電　　話：(02)2370-3310　傳　真：(02) 2388-1990
總 經 銷：紅螞蟻圖書有限公司
地　　址：台北市內湖區舊宗路二段 121 巷 19 號
電　　話：02-2795-3656 傳真 :02-2795-4100　　網址：
印　　刷：京峯彩色印刷有限公司（京峰數位）

　本書版權為西南財經出版社所有授權崧博出版事業股份有限公司獨家發行電子書及繁體書繁體字版。若有其他相關權利及授權需求請與本公司聯繫。

定　　價：320元
發行日期：2019 年 10 月第一版
◎ 本書以 POD 印製發行